PUHUA BOOKS

我们一起解决问题

拼多多中小卖家运营实战

店铺设计+数据分析+推广方法+客服技巧

闫明 著

人民邮电出版社

北京

图书在版编目（CIP）数据

拼多多中小卖家运营实战：店铺设计+数据分析+推
广方法+客服技巧 / 闫明著. -- 北京：人民邮电出版社，
2020.11（2024.1重印）
ISBN 978-7-115-54956-3

Ⅰ. ①拼… Ⅱ. ①闫… Ⅲ. ①电子商务—运营管理
Ⅳ. ①F713.365.1

中国版本图书馆CIP数据核字(2020)第185018号

内 容 提 要

在不到 5 年的时间里，拼多多就经历了奇迹般的发展。那么，在这个新生代电商
平台上，中小卖家应该从哪些方面做好运营，取得实效呢？

本书从产品页面设计、标题设计、市场环境与数据分析、免费和付费推广、报名
参加活动、提高客服转化率等多个不同的角度，结合实践，翔实且生动地讲解了拼多
多的运营方法。总之，本书语言生动，图文并茂，对如何在拼多多开店运营做了详细
的介绍，能够提高在拼多多上开店的中小卖家的店铺运营能力。

本书适合在拼多多平台上开店的创业者、中小卖家及企业运营人员阅读。

◆ 著 闫 明
责任编辑 张国才
责任印制 彭志环

◆ 人民邮电出版社出版发行 北京市丰台区成寿寺路 11 号
邮编 100164 电子邮件 315@ptpress.com.cn
网址 https://www.ptpress.com.cn
北京天宇星印刷厂印刷

◆ 开本：700×1000 1/16
印张：13.5 2020 年 11 月第 1 版
字数：150 千字 2024 年 1 月北京第 9 次印刷

定价：69.00 元
读者服务热线：(010)81055656 印装质量热线：(010)81055316
反盗版热线：(010)81055315
广告经营许可证：京东市监广登字 20170147 号

>>>> 推荐序

为什么需要拼多多

大约8年前，我在建立理想村社群时就说过，未来是社群电商、社交电商的时代。如果说阿里巴巴的电子商务是"导弹"，那么拼多多的电子商务则可以说是"原子弹"。导弹讲究的是精确制导、精准打击，所以大数据与用户运营至关重要；而原子弹不需要这一切，它讲究的是链式反应、几何级的指数发展，只要引爆，它就可以摧毁一座城市。

拼多多横空出世，从创业到上市只花了3年的时间，从最开始的默默无闻到被看不上、看不起，再到上市后的势不可挡，其发展过程令人惊叹。

马云曾经说过：所有革命性的新事物诞生的时候，最早是大家看不见，因为它太小；接着是看不起，因为它看起来很低端；然后是看不懂，因为它增长的逻辑，你不了解，与以往的打法不一样；最后是来不及，因为跟不上，时代已经滚滚而来，又滚滚而去。

今天的拼多多又何尝不是如此呢？

从2019年底到2020年6月短短半年间，拼多多的市值就从300多亿美元冲破了千亿美元大关。这种现象实际上反映了投资者对拼多多的青睐，直接说明了拼多多的价值所在。一家公司的市值就是所有投资者给它的投票，不过这种投票是用金钱进行的。所有聪明的投资者，正是由于长期看好拼多多未来的增长空间，才共同推动了拼多多的市值持续上涨。

为什么拼多多这么值钱？是因为它的商品便宜吗？商品便宜只是表面的现象，真正的动力远远不是如此。

拼多多真正的动力是什么？我认为有以下三个要素。

（1）社交流量爆增

拼多多依靠微信的庞大流量及社交关系，渗透进电商领域。其新鲜的玩法给本已成熟的电商行业注入了无穷的动力，这种动力是传统电商所不具备的，以至于拼多多的玩法产生了一个新名词——社交电商。社交属性使拼多多获取用户的速度奇快，而累积下来的海量活跃用户则是拼多多的底气所在。

（2）渠道下沉扎根

拼多多解决了十八线城镇消费者对中小件物品的需求问题。天猫、京东没有解决这个问题，因为这两个平台定位于白领阶层，使用它们的多半是一二三四线城市的人群；淘宝没有解决这个问题，因为淘宝购物的过程太复杂了，使用起来不方便。拼多多的界面设计可能是所有电商平台中使用最简便的一个。正因为简便，拼多多才会被很多没有网购习惯的消费者入手试用，而这些新网购用户正是其获取的增长用户。

（3）优化供应链和产品性价比

拼多多现在有约3000人立足于各个产业链，和卖家一起尽力发挥供应链的能力，以及规模化生产的效能。

中小件消费市场的客单价低、复够率高、转化率高，这个市场的体量之大，足以再造一个能媲美京东、淘宝的新电商平台。从长远来看，拼多多的业务除了电商，或许物流、支付、金融都会成为其涉猎的商业领域。因此，拼多多的业务领域将会和淘宝高度重叠，这是未来拼多多发展中即将面临的局面，竞争将在所难免。

我和本书的作者若敖（作者网名）认识于多年前我做的一个社交电商项目——理想村，随后在理想村社群中或多或少有过接触，没想到他竟然用心写了这本关于拼多多的书，实在令人赞叹！本书对电子商务的宏观发展有着独到的见解，其中许多观点很有实践意义，这体现了作者对拼多多的认知深度。而在细节叙述上，本书行文步骤清楚、重点突出，对许多卖家疑问解答得非常到位，这一点在此类书中很难得。

鉴于此，我相信这本书在出版后能为更多愿意学习拼多多运营方法的人打开一扇窗户，让做生意变得更简单。

天机

三板斧管理创始人

云栖基金合伙人

>>>> 目 录

第1章

电商黑马拼多多
如何成功逆袭

　　拼多多自从上市以来，始终伴随着很多非议。人们一方面嘲笑它山寨、卖假货、产品品质低劣，另一方面又惊叹于它的增长速度之快。尤其是拼多多在美国纳斯达克上市后，其用户增速、交易量、交易额、快递量、覆盖人群等数据都呈现爆炸式增长，"超越京东、追赶淘宝"成为拼多多的梦想。人们不得不正视它：一个拼团 App 怎么就成了隐形的电商巨头呢？

　　人们开始对拼多多背后的故事感兴趣。

　　原来，拼多多的老板黄铮竟是当年的浙江大学保送生！

　　原来，拼多多的背后竟然有腾讯的投资！

　　原来，黄铮的"幕后老师"竟然是段永平！ 2006 年，段永平和巴菲特吃饭的时候就带着黄铮。

　　原来，拼多多的投资人里竟然还有孙彤宇！孙彤宇是淘宝网的开创者之一、第一任总裁。

　　这些故事被挖掘出来后，人们才发现拼多多不简单，黄铮也不简单。

　　如果仅仅是这些，还不够令人惊讶，最令人惊讶的是拼多多增长过程中突飞猛进的财务表现。

　　2017 年全年，拼多多的成交总额达到 1400 亿元！在所有电商平台里，年成交总额超 1000 亿元，京东用了 10 年（2013 年），唯品会用了 8 年（2017 年），淘宝用了 5 年（2008 年），而拼多多仅用 2 年 3 个月就做到了。

　　2019 年，拼多多的成交总额达到 1.0066 万亿元！成交总额超过 1 万亿元，京东用了 13 年，淘宝用了 10 年，而拼多多用了不到 5 年。

　　截至 2019 年 12 月 31 日，拼多多年活跃买家数达到 5.85 亿人，淘宝有 7.11 亿人，京东有 3.62 亿人。

　　目前，我国互联网公司争夺用户的过程还没有结束。在这片土地上，更多人需要"恰好"的产品满足日用，而能提供性价比极高的产品的平台将会迎来下一波红利。因此，电商领域从天猫、京东两霸，到天猫、京东、拼多多三强，下半场战争才刚刚开始！

　　2018 年，拼多多的总订单量达到 111 亿笔，较 2017 年同期的 43 亿笔增长了 158%；平台日均订单量由 2017 年的 1180 万单攀升至 3040 万单。国家邮政局的数据显示，2018 年，我国共处理 550 亿件包裹。这意味着 2018 年全社会每产生 5 个包裹，就有 1 个来自拼多多。

2019 年，拼多多实现营收 301.4 亿元，较上一年同期的 131.2 亿元增长了 130%；共计产生 197 亿个订单包裹，较上一年的 111 亿个订单包裹增长了 77%。

2020 年上半年，拼多多的订单数量突破 70 亿单，日均超 3800 万单。目前，拼多多平台上的商家超过 360 万家，活跃用户超过 4.43 亿个。同时，拼多多的用户投诉比例在下降，用户满意度在上升。

1.1　从默默无闻到声名显赫

2017 年夏天，笔者的一个朋友已经在拼多多上开店了。当时，他的拼多多店铺一天能出两三百单，如果报名参加活动，一天甚至可以出上千单。价格越低，出单越多。与此同时，他的淘宝店一天的出货量却只有两百单左右。

这个时候，卖家只要入驻拼多多，产品成本控制得好，卖得便宜点，都能赚钱。

2017 年，很多人对拼多多还非常陌生，整天看到微信朋友圈帮忙砍价、拼团的信息，让人认为拼多多是那种山寨公司，好像一家小公司做的平台。而且，产品这么便宜，令人担心其如何盈利，平台是不是随时都有可能倒闭。

可是在小城镇朋友圈流行的这种砍价、拼团、秒杀、现金红包方式却非常受欢迎。拼团的结果是收到的货物，其性价比远超期望值。

拼多多的魅力来自于能替用户考虑，拼多多做到了使用户能花更少的钱买更多有用的产品。花较少的钱买到了能够用的产品，岂不令人乐哉？只要产品质量差不多，功能满足了要求，价格便宜，对于广大用户来说就是好货。

追求品质往往是 20% 用户会关注的事，而追求能用则是 80% 用户都会在意的事。在这种逻辑下，拼多多在微信朋友圈获得了一波又一波的用户，每个月新增注册用户数达到 1000 万个。直到拼多多的用户数、包裹数、交易额迅速赶超京东，逼近淘宝，电商双雄才惊醒过来。

2019 年，拼多多的用户数超越京东，市值数次超越京东，增速超越京东、淘宝，买家活跃度超越淘宝、京东，跻身电商排名第二位。至此，淘宝、京东不得不严肃对待这个竞争局面。

1.2 游戏化思维的社交电商奇迹

作为我国的电商黑马，拼多多只用了 4 年时间，在获取相同用户数上就走完了京东 10 年、淘宝 16 年要走的路。

拼多多在微信朋友圈悄无声息地流传开的社交属性，增强了它的用户黏性和传播性。同时，四处撒钱、自杀式补贴的营销策略带来的效果，就是转化效率超高、传播速度飞快。再配合屡试不爽的推广四大绝招，拼多多运营 4 年，便获得了 5.85 亿用户（截至 2019 年底）。

拼多多推广的四大绝招——秒杀、拼团、砍价、红包小程序，无一不暗合了人性中少花钱、多受益的特点。迎合人性的推广，无往而不利。

用户增长的过程分为拉新、促活、留存、转化、传播五个阶段，拼多多的四大绝招是怎样和用户增长的过程融合的？表 1-1 蓝色部分是不同方法在增长过程中的作用，读者可以看到秒杀、拼团、砍价、红包都能产生一箭数雕的效果。

表1-1　拼多多用户增长理论

名称	用户增长理论：AARRR				
	拉新（Acquisition）	促活（Activation）	留存（Retention）	转化（Revenue）	传播（Refer）
砍价	■	■	■	■	■
秒杀		■	■	■	
拼团	■	■		■	■
红包	■	■			■

拼多多的定位是卖给需要"刚刚好"产品的用户，这些用户只要产品质量及格、功能没问题，就会下单。很多人安装拼多多 App 后卸载，卸载后又安装，最后终于留存下来，就是因为其社交属性太强，因为要帮朋友砍价、拼团，所以难以完全卸载！

1.3 拼多多的创新之处

拼多多能发展起来的深层原因，并不仅仅在于以上手段，而在于影响产业结构、改造供应链的战略眼光。

电商与传统实体经济对比，优势来自两方面：一是打破时间和空间的限制，购物方式更加自由；二是将所有的产品销售方式扁平化，产品都在一个平面展示出来，让买家无论如何都能选到自己心仪的产品。

这种购物方式对买家的好处显而易见，无论在便利性、经济性方面，还是在产品接触面上，买家的购物愉悦感都达到了史无前例的高度。在传统实体经济中，买家消费是"割肉"；电商出现后，买家消费是"占便宜"。

电商在使买家兴奋的同时，也使卖家面临着前所未有的激烈竞争。电商将商业曲线拉成直线，所有卖家都站在同一起跑线上，从起点（产品端）到终点（消费端），大量中间商消失了，最终剩下的是拥有产品生产能力和销售能力的卖家。

卖家在传统电商（淘宝和京东）时代并没有获得巨大的优势，因为传统电商处于网络普及、电商购物推广、物流渗透阶段，鱼龙混杂，并不好做。当4G时代来临、电商基础设施完备后，拼多多才真正做到了产品连接消费，即真正意义上的工厂直供。

只有工厂直供，才能做到产品性价比最高、用户体验最好。

只有工厂直供，产品才能价格最低。

只有工厂直供，产品才能存活。

拼多多和工厂深度合作，派专人对接各个类目的头部卖家，持续提高产量产能，使产品更加靠近消费者，打造出更加"平滑流畅"的生产链，使消费直通生产。工厂依靠拼多多巨大的流量入口日出万单，将商业贸易真正做到了消费倒逼生产。

产品便宜不是降价的结果，而是生产链调整的结果，这是拼多多的一大促进作用。无论是实体经济，还是传统电商，都没有消除消费者在购物过程中的警惕心理，因为消费者掏钱时都带有防备心，怕一不注意就被商家"坑"。而拼多多在"拼团"的方式下砍下价来，借助娱乐和社交的形式，减轻了买家掏钱时的顾虑。有些买家还用"不值几个钱"作为消费的借口，在拼多多上狠狠消费。

用娱乐化和游戏化消费，让买家忽略价格，是拼多多的第二个创新。如果说短视频带动了抖音、快手等娱乐业，拼多多则带动了电商业。随着社会生活节奏的加快，每个人的时间意识越来越强，购物时间也越来越短，而拼多多有力地帮助人们节省了时间与精力。在电商初期，传统电商的浏览对比式购物使买家在新鲜感过后就会感到厌倦。而拼多多的购物过程短、购物效率高、下单转化快，彻底解决了淘宝、京东多年未解决的"秒单"问题，使电商购物变成简单消费。

电商已进入快电商时代。要成为快电商，不仅产品的价格要低，还要对消费者购物心理变化有准确的把握。拼多多在消费者购物细节的优化上下了无数功夫，在用户体验上也做到了"至矣尽矣"的水平。这些创新点将在后文详细阐述。

总之，拼多多成就千亿市值，靠的是实力，不是运气。

对于拼多多，不管它的优点让我们多么津津乐道，还是缺点让我们多么厌恶憎恨，功过是非，也许一两年后就会有一个中肯、公正的评价。毕竟，拼多多是一个仍在高速发展的新平台，远远还没达到平稳发展阶段，此时下结论未免太早了。商家、中小卖家、创业者能好好运用这个平台，便非常不错了。

多年以前，淘宝刚出现时，马云说："很多人对新生事物看不见、看不起、看不懂，等看懂了来不及！"这是形容人们最初对淘宝的认知。多年以后，拼多多崛起于江湖，这句话同样适用。很多人对拼多多看不见、看不起、看不懂，等看懂时，拼多多已经很强大了。

也许，拼多多是电商的最后一波红利，这体现在以下几个方面：

（1）入驻门槛低，费用低；

（2）买家活跃；

（3）规则简单。

只要你有好产品，在拼多多上就有机会。在拼多多上报名参加活动，只要产品性价比高，一天能出数万单！

当然，大卖家舍得砸钱，大补贴能带来大收益。而中小卖家一天能卖几百单就不错了，或者几十单也行。但所有这些的前提都是产品要好、成本要低，同时卖家要会拼多多的基本操作和推广运营。

因此，本书接下来从页面分析、高点击率主图详情页、权重标题、市场环境与产品和竞品的数据分析、产品上架、推广运营、报名参加活动等方面进行介绍，让卖家全盘掌握拼多多的运营推广方法。

第2章

设计人见人爱的
产品页面

万能的电商公式"销售额＝流量 × 转化率 × 客单价"揭示了一个普遍又深刻的道理：要想把销售额做上去，就要搞定流量、转化率、客单价。产品在网上展示，大部分情况下都是以图片和文字结合的方式为主。因此，产品页面承载了太多转化流量的任务。

所以，你敢说产品页面不重要吗？

但是，卖家想设计一个人见人爱、花见花开的"万人迷"产品页面，是很不现实的，因为一个产品页面，它不可能满足所有买家。不过，卖家要设计一个能"讨好"80% 买家的页面，将简单得多。卖家页面的卖点只要比竞争对手好那么一点，自身的优势就会扩大数倍，机会、转化率自然也就提高了。

2.1 设计具有高点击率的主图

如果一条项链设计精致、璀璨夺目，你肯定会想多看看。同样，买家看了那么多的主图，为什么直到看见你的主图时就点击进来了？这背后是不是有某种吸引力法则？

什么是主图？主图就是一个产品页面上方正方形的大图，如图 2-1、图 2-2 所示。

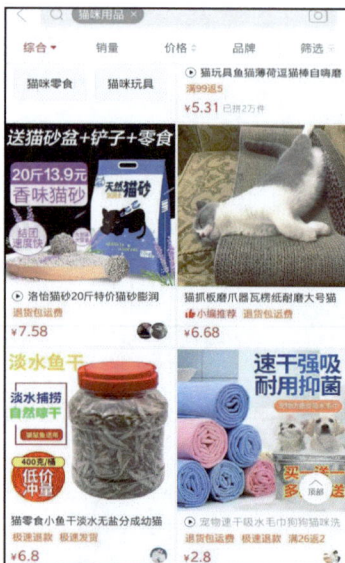

图2-1　产品主图（1）　　　　图2-2　产品主图（2）

图 2-1、图 2-2 中分别有 4 张主图，总共 8 张。请看看这 8 张主图的设计风格和文案，用自己的标准判断哪张图能吸引你点击，哪张图让你没有点击的欲望。

2.1.1　卖点一定要醒目显著

一个没有卖点的产品，注定是一个没有受众群体的空壳。如果研究过 50 个以上的产品，你就会发现，从王老吉到农夫山泉，从百雀羚到同仁堂，从 OPPO 到 vivo，一个清晰的卖点足够让你的产品非常明显地区别于其他竞品。而拼多多的主图卖点就承载着区别于其他竞品的重任。正是因为这个卖点的吸引，需要产品的买家才会点进来，这样你的买家才是精准用户。

买家通过浏览显示在手机屏幕上的产品（数量通常超过 4 个），习惯性地第一先看主图、价格、标题，对眼前的几个产品稍作对比后再点击主观上认为不错的产品主图，然后进入详情页，做进一步的了解。

影响买家决定点击的因素至少有三个，分别是主图卖点、价格、标题。三者相互影响，相互关联，绝不是单一因素导致"点击"这个动作。除非单一因素成为极致！

例如，一双拖鞋 0.99 元（包邮），一打卷纸 12 个 1.9 元（包邮），极致的单一因素——价格导致买家看一眼就下单。但是，这种情况比较少见，因为谁也不愿做亏本的买卖。所以，我们要按照正常的逻辑思维分析，不能走极端！

价格高了，点击的人就少了，因为买不起；价格低了，被人认为是假货，也不会买。两种销售方式都不可取。

主图设计得太普通，没有亮点，凸显不出产品优势，买家就会失去点击的冲动。

标题不准确，系统不能展现给精准买家，能看到产品的买家太少，主图自然不会获得太多点击。

正确的做法是有一个（或多个）能体现产品价值的价格、标题准确、主图吸引人，这样做才会有较高的点击率。

由于大部分卖家在标题上不会犯错误，也不会乱标价，再加上主图上标价更容易被买家看到，所以主图承担了更多的点击重任。这就是主图要被重点讲解的原因。

下面，笔者用实例分析主图卖点、主图设计和主图点击率的关系。

在图2-1、图2-2中，图2-1显示了4个产品，第1个产品是猫砂。如果只放图2-1，没有对比，就看不出猫砂主图的优劣，所以又放了图2-2，图2-2中的第3个产品也是猫砂。图2-1和图2-2中有两种产品有竞品，一种是猫砂，另一种是宠物毛巾。有对比，才有区别，这更有利于研究主图。

笔者把图2-1和图2-2中的8个产品放在一起，第1个产品和第7个产品对比，第4个产品和第5个产品对比。

第1个产品和第7个产品做对比，如表2-1所示。

表2-1 猫砂卖点对比

	产品1	产品7	备注
价格	7.58元	8.16元	20斤的价格一样
主图风格	接近	接近	近似，要么是一个设计师做的，要么是一个店铺借鉴另一个店铺的
字体	小，但是能看清	大，醒目	产品7优势
卖点	送猫砂盘+铲子+零食	2元送铲子	产品1优势
	结团速度快		产品1优势
		颜色对比突出	产品7优势

我们从表2-1中可以很清楚地看出第1个产品和第7个产品卖点上的区别，黄色部分则是产品吸引买家的卖点。即使这两个产品卖得很好，它们也有弱点，新手卖家正是通过发现它们的弱点，从而优化自己的主图，达到差异化竞争吸引买家的目的。

第4个产品和第5个产品的对比，如表2-2所示。

表2-2　宠物毛巾卖点对比

	产品4	产品5	备注
价格	2.8元	5.7元	直观上产品4有优势，但买家肯定要对比
主图风格	左右排版	上下排版	接近
字体	没问题	没问题	接近
卖点	速干强吸耐用抑菌	洗完要速干	产品5恐吓营销（水不干易患病）
	买一送一多买多送		产品4主打优惠，价格也体现出来了
		仿鹿皮吸水毛巾	产品4字太小

　　表2-2中黄色部分是产品4和产品5吸引买家的卖点，通过两者优点的结合，可以做出一张不弱于产品4和产品5的主图。

　　卖家要善用这种取"竞品所长"补"自己所短"的方法，我们将这种方法称为"表格对比法"。卖家想要寻找的优势，通过做一张这样的表格经过对比就找出来了。如果产品没有优势和卖点，或者自己产品的卖点没有竞争对手的突出，那么卖家也要制造条件和卖点，以吸引买家注意。

总结

　　卖家制作有吸引力主图的三个知识点：

　　（1）主图上字号大，字体醒目；

　　（2）卖点比竞争对手有优势，要么送得多，要么送得与众不同（无法对比价值）；

　　（3）色彩对比强烈。

2.1.2　正确的价格表现方式

这一章研究主图的点击率，只要能提高点击率，所有方法都应该用上。而价格作为拼多多买家最敏感的关注点之一，卖家自然要充分发挥它的功能。

价格有多重要？价格对拼多多的主图点击率至少占了 80% 的决定作用；价格对拼多多的产品转化率至少占了 90% 的决定作用。

价格如何表现在主图上，才是正确的输出方式呢？

（1）必须有一个引流款，价格低于同行或与同行持平。

新手卖家的产品里要有一款价格低于同行的 SKU，但是这个 SKU 的价格不能比竞品低太多。竞品是 9.89 元，这款 SKU 要标 9.26 元或 8.89 元，意思就是让买家有便宜可占，但是不能让买家怀疑产品质量。竞品标价 9.89 元，我们标价 8.89 元，买家会点击进来看；我们标价 2.89 元，一些买家就不相信了。为什么？因为 2.89 元这个价格很可能有问题，差价太大了，导致买家不信任。

在这个产能严重过剩的年代，买家已经被超级低价"教育"了。他们知道，太便宜往往意味着要付出巨大的代价。因此，很多人宁愿选择默默"路过"，也不会点击进来"上当受骗"。

结合以上内容，我们看以下案例，如图 2-3、图 2-4 所示。

图2-3　产品主图（3）　　　　图2-4　产品主图（4）

我们从图 2-3、图 2-4 中可以知道，猫粮的市场价基本维持在 5 斤 9.9 元、10 斤 19.9 元这个水平。即使每个产品之间有价格差异，也是在 1 元上下浮动。而且，从图中能看出，卖得最好的两款产品的价格分别是 8.9 元、9.9 元，销量同时都超过 10 万件。买家看到图 2-3 和图 2-4 后，不管他要买 5 斤装还是 10 斤装的产品，估计都会点击价格 8.9 元、9.9 元这两个产品进去看。而这个"进去看看"的想法就变成了点击率。

我们通过上述分析还能知道，为什么其他卖家不标价 9.9 元 5 斤。这是因为很可能 5 斤装包邮对于大部分猫粮卖家而言是亏本的。而这两位不走寻常路的卖家做出如此决策的原因只有两种：一种是他们是厂家，生产成本低；另一种是他们确实在亏本做，目的是为了占据市场以便后期涨价。

买家进店后，真正买最低价 SKU 的用户约占到所有进店买家的 20%。因此，用高价款的利润补贴最低价款是非常值得的，而且是盈利的，这就是定价背后看不见的秘密。

这个最低价 SKU，从单品上看似乎亏本，但从全店看实则未必。我们用案例说明这个问题。

产品是猫粮，5 斤装幼猫猫粮、5 斤装通用猫粮、5 斤装成年猫粮，定价分别为 13.9 元、8.9 元、11.9 元，三者中的最低价是 8.9 元。买家点击主图进去后，才能看到不同套餐的 SKU。这时候，买 5 斤猫粮的买家会选择哪个？会全部选择 8.9 元的这个产品吗？

答案已经不言而喻。

（2）主图该写什么，不该写什么。

卖家销售的产品如果有价格优势，主图上一定要标注价格；如果没有价格优势，主图一定要把卖点放大；如果卖点一样，也要用和竞争对手不一样的话把卖点表达得与众不同。

做一张别具一格、特点鲜明的主图应遵循的原则：有条件，尽可能地利用条件；没有条件，也要创造条件。

不要浪费主图的任何一个位置，主图就是卖家的最佳吸睛广告位。主图是拼多多除了价格之外的第二重要元素，超过了售前咨询、客服、售后维护等一切服务。

（3）主图上巧用销量多少、单位变化、尺寸大小增加视觉冲击力。

买家购物过程中，经常见到卖家在主图上标注已销 30000 件（证明畅销）、买三送二（证明实惠）等数量词，这些文案是引爆买家购物冲动的"小炸弹"。

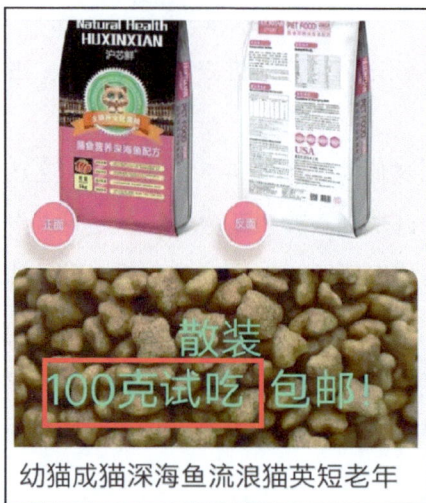

图2-5　产品主图（5）

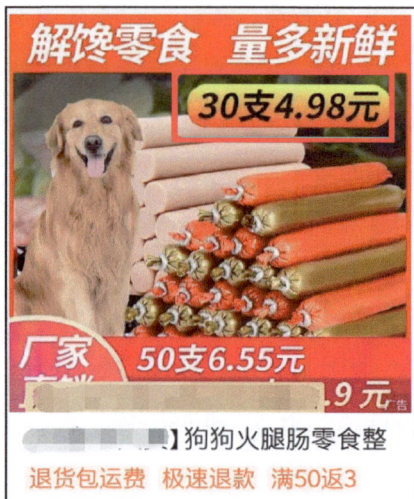

图2-6　产品主图（6）

图2-7　产品主图（7）

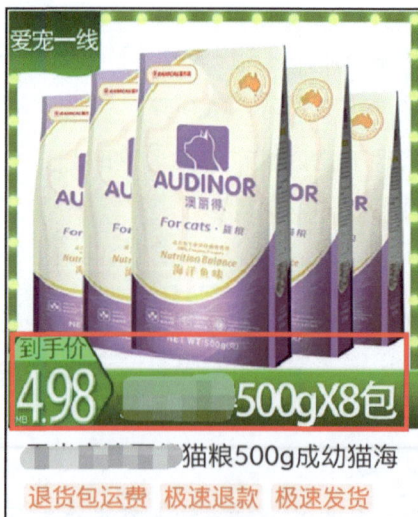

图2-8　产品主图（8）

图 2-5、图 2-6、图 2-7、图 2-8 中红框标注的部分是卖家做主图时"着意刻画"的重点，它们都和数字、单位有关。我们仔细看一遍，就会发现这些数字和单位是非常吸引人的。买家在看到这些信息时，内心会有所触动。当这个触动

和他的"关注点"一致时，便会引起他手指轻轻滑动，点击即由此产生。

2.1.3　高点击率主图的四种设计

笔者在前文用很大的篇幅强调了价格对主图点击率的影响，价格的威力确实巨大。然而，价格不是唯一的决定因素。卖家做拼多多，不但要价格实惠，还要出招（照）漂亮。

判断拼多多主图好坏的标准很简单，就是要鹤立鸡群、脱颖而出，同时具有观赏性。做到了这些，目的就能达到。

买家在众多产品主图中迅速一眼扫过，并快速做出初步判断，直觉中点击一张主图进去。在这么短的时间内，主图的设计品质起到了关键作用。这就是本节要解决的问题。本节给卖家读者提供了 4 种非常实用的主图设计方法，希望卖家读者学会后能应用在自己的产品上，让自己的产品点石成金、化腐朽为神奇。

（1）拼图法

图 2-9 展示了 4 个产品主图，哪个主图看起来更与众不同呢？肯定是第 3 个了。

图2-9　4个产品主图（1）

买家能够点击主图进来，是在对比众多主图后才做出的行动。

卖家在做主图的过程中经常会犯一个很主观的错误，总认为自己"觉得"好的主图就是好主图。你做得再好，买家一搜，不想点击也是白搭。因此，好的主图是个人经验和市场对比后的产物。

图 2-9 中主图 3 的设计具有以下优点：

（1）采用浅色系，和周围竞品对比后非常突出；

（2）居中只放一个产品，聚焦吸睛；

（3）主图采用深浅色拼图设计，与众不同。

其中，第3点拼图设计的风格起到的作用无疑比较大。但是，有没有更深层次的原因？主图3的设计风格是不是更吸引具有文艺气质的男生、女生？是不是有小清新风格？是不是带点卡通色彩？那么，它针对的买家群体是不是也很清楚了？只要是这类人群，进来后转化率都很高。

只要是有心的买家，在购物过程中都会发现许多产品在用拼图法。下面再看几个案例。

如图2-10所示，笔者之所以把4张图放到一起，目的就是为了对比突出效果。如果只把主图1放出来，不管说它好还是不好，都是主观印象判断。没有对比，就没有说服力，说明不了问题。后面的很多案例，笔者都将采用对比的方法来说明。

图2-10　4个产品主图（2）

在图2-10中，主图1用的就是拼图法，但是功力不够。主图1为什么要用青绿色和白色一起拼呢？没有道理。图2-10中4张主图放到一起，有对比性吗？产品并没有凸显出来。如果把主图1的青白双色换成红白两色，可能效果会更好。主体是黑色手机，背景色再用红色和白色，拼图效果更显眼，而且要设计成白色在上、红色在下的布局。拼图的目的就是为了引起冲突，提高视觉冲击。有了冲突，才能吸引注意力。

如图2-11所示，主图3采用了拼图法设计，在4张图中比较出彩。买家稍微注意一下，就会发现它的销量也是最高的。

下面再看几个案例，并用上面的思路来分析。

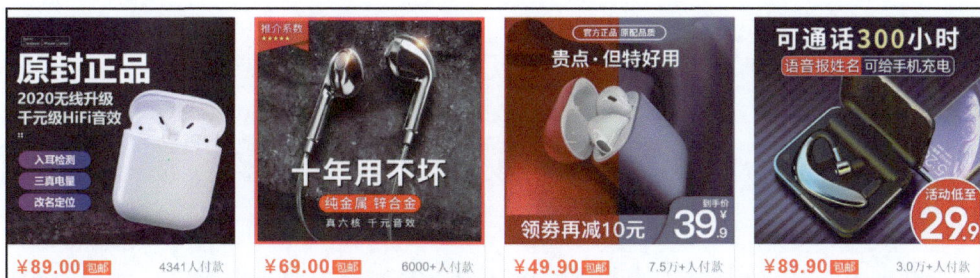

图2-11 4个产品主图（3）

图2-12中的4张产品主图整体设计都很优秀。主图1的色调暗淡，略有不足；主图2的色调对比明显、文案清晰；主图3采用了拼图法，效果显著，同时文案中有华为背书；主图4的设计得体，文案的吸引力也足够强。读者会注意到，图2-12中的后面3个产品都卖得不错。

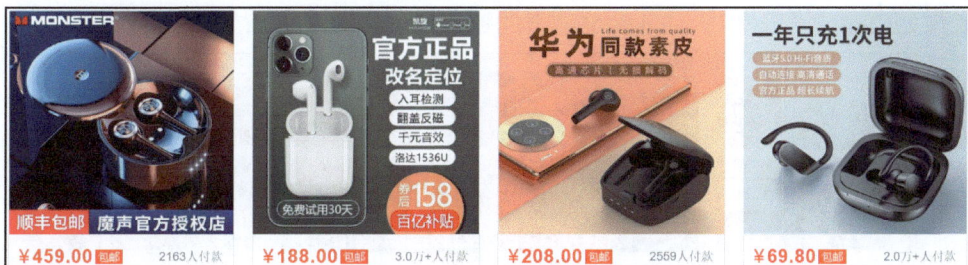

图2-12 4个产品主图（4）

图2-13中，主图1也用了拼图法。经过对比，主图1的设计特色还是很吸睛的。

图2-13 4个产品主图（5）

但是，卖家也要注意，不同的产品有不同的最佳展现方法，用合适的展现方法可以最大程度地表现产品的张力。因此，在接下来的讲述中，卖家还有三种方法要掌握。这也就很好理解为什么拼图法适合展现手机壳、耳机、电脑等电子产品，而不是其他类目的产品。

卖家要想理解得更透彻，还需要在以后的实践中善于发现和总结。

（2）对比法

对比法是指通过大小、重量、颜色、水润等方式对比展现，放大产品的优势，如图 2-14 所示。

对于图 2-14，笔者先从图片的设计角度分析。主图 1 展示的产品是樱桃，两个樱桃占据了四根手指的宽度。这张图用很容易理解的对比方式，表现了樱桃"大"这个卖点。主图 4 展示的产品也是樱桃，占据了主图的一半位置。图中的樱桃横切面水分、色泽都显得饱满欲滴，文案突出了"大果""优惠""速发"，但是图片设计没有用对比的方式表达出"大"这个特点。根据图片的文案内容，主图 1 应该重点突出"大果"樱桃，才能达到图文合一的效果。主图 4 中的文案卖点如果改成"鲜嫩"，估计图文结合的效果会表达得更准确。

图2-14　4个产品主图（6）

接下来，笔者从文案的逻辑表达角度来分析。

主图 1 的第一诉求是想表达"只卖高品质"这个意思，但实际上表达的是"大"，而"大樱桃"这个卖点并没有突出强调。总之，主图 1 的图文之间是缺乏关联的。

主图 4 的文案想表达"优惠""发货速度快""大果 3 斤装"三个卖点，可是所有卖家都知道，"优惠"和"发货快"这两个信息，其他家店铺也可以轻易写在主图上，并且很容易落地实现。

如果主图 4 采用主图 3 的文案，"新鲜采摘""核小多汁"，是不是更贴切？读者可自行揣摩。

卖家的主图上很可能有多层卖点，第 1 卖点、第 2 卖点、第 3 卖点，第 1 卖点和主图的设计贴合度越高越好，第 2 和第 3 卖点突出醒目即可。

对于接下来的几个实例，均可以用上面的分析方法来看看哪个主图做得更好。

图 2-15 中，主图 1 采用了对比法，产品优势一目了然。有的读者会说它的销量低，但是你要注意它的价格也是最高的。

图2-15 4个产品主图（7）

对于图 2-16，总体来看，4 张主图并没有哪张特别出彩。第 1 张、第 3 张、第 4 张的风格中规中矩，没有设计特色。第 2 张主图放了一张很普通的照片做背景，该图全凭文案带动点击。第 3 张主图的卖家有想法，但设计的张力不够，没有用设计表达出原本的想法。第 4 张图的优惠券做得很成功，既醒目又有力度，然而除了优惠券也就没有其他亮点了。

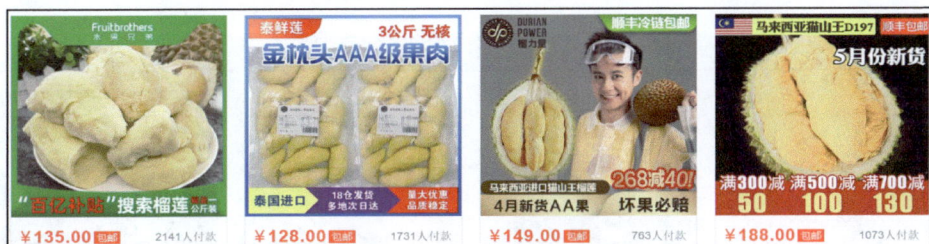

图2-16 4个产品主图（8）

图 2-17 所示的产品是蜂蜜，主图 2 也使用了对比法，对比的效果就是"让买家相信，我卖的是真蜂蜜"。读者看了这 4 张主图，就算不点击进去，也会对这个红色条幅上的文字产生深刻的印象。

图2-17 4个产品主图（9）

（3）彩图法

经过对前面两种方法的介绍，至此读者对彩图法应该能够形成大概的理解。笔者讲的这几种方法适用于不同的行业。没有哪一种方法是万能的，读者在阅读的过程中要思考：这个产品是什么行业的？这个方法还能应用到哪些行业？自己所从事行业的产品能用这些方法吗？对这些问题的思考，会极大地拓展卖家的视野。

图 2-18 中，主图 2 的设计采用的是典型的彩图法。这 4 张主图，一眼看去，用彩图法设计出来的显得很独树一帜。

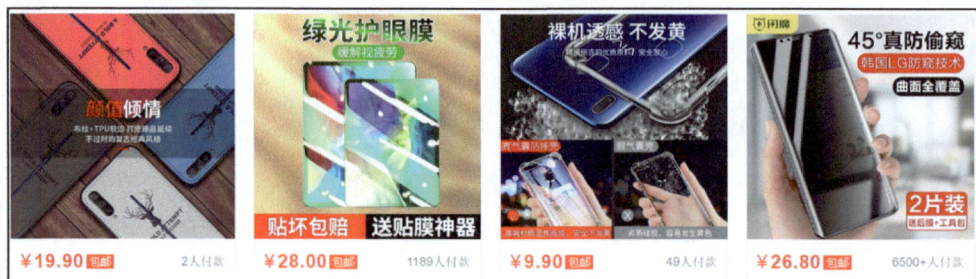

图2-18　4个产品主图（10）

图 2-19 中，读者可以注意到主图 3 也非常有特色。

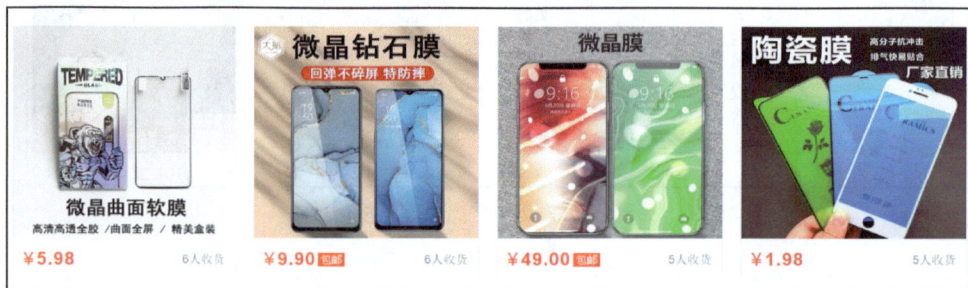

图2-19　4个产品主图（11）

彩图法更多的表现方式如图 2-20 所示。

图2-20　4个产品主图（12）

主图 3 展示的是标价 89 元的豆浆机，其中字体、颜色多样，而且醒目出众。

图 2-21 中的主图 3 也使用了彩图法，和周围的主图对比，其对买家具有很强的吸引力，点击率相对也高。

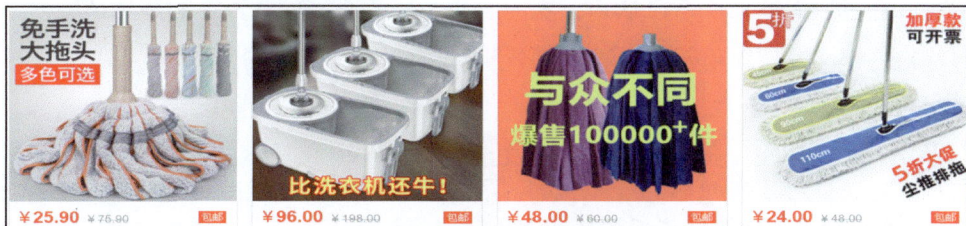

图2-21　4个产品主图（13）

（4）魔性图法

魔性图法是 4 种设计方法中最难讲述的，其对设计师的水平要求最高，更适用于有原创设计能力的卖家。

图 2-22 中的主图 2 既没有用拼图，也没有对比，而是用渐变的方式处理了图片，同时创造出一种浪漫玄幻的感觉，和左右的产品显得格格不入。可是对于这种风格，精准买家一眼就能看到它的存在。主图要的就是这种效果，可以不漂亮，但是不能没有存在感。对这种图看的时间长了，有些人深深迷恋，有些人感觉头晕。

图2-22　4个产品主图（14）

图 2-23 中主图 3 的设计也用了魔性图法，效果自然与众不同。

图2-23　4个产品主图（15）

那么，魔性图法适合使用在什么产品上呢？

当拼图法、对比法、彩图法都不能很好地表现产品的张力时，用魔性图法可能会带来惊喜。虽然很难明确规定魔性图法的应用范围，或者给出准确的定义，但是，通过上面的案例可以认定，魔性图法适合营造一种非真实的产品环境，具有独特的个性，如果用好了，能产生令人非常迷恋的效果。

总结

高点击率主图的设计方法有以下 4 种：

（1）拼图法；

（2）对比法；

（3）彩图法；

（4）魔性图法。

卖家运用好其中一种方法，就可以让主图的点击率遥遥领先！

2.2 设计具有高转化率的产品详情页

上一节讲述了如何设计高点击率的主图，买家点击主图后就来到了产品详情页面。产品详情页面承担着转化买家的任务。因此，如何打动买家，让他们看到页面后认可产品并付款下单，成为卖家的付款用户，是这一节需要解决的问题。

笔者在这里强调一个观点（上文也有提及），即买家能在卖家的店铺里买产品，是多种因素共同影响的结果，既包括产品本身的种种因素，如价格、卖点、创意、服务、品牌、口碑、背书、信任度、页面美观度等，也包括市场竞争环境因素，如竞品降价、竞品推出新品、竞品以旧换新等。

在这里，笔者重点讲述产品的内在问题。

产品以自身的卖点一点一点地影响买家的心智决策，使买家最终来到了卖家的店铺购买。买家之所以点击主图，就是因为价格和卖点符合其心理预期。买家点击进来后，看到页面的服务承诺、发货时间、售后处理、产品参数、特点，便信任卖家并最终付款。其中任何一个环节出了问题，买家就会立刻放弃，去其他家店铺购物。

买家在拼多多 App 上一次最少可以看到 4 个产品主图，并且一眼可以看到 4 个价格。当产品价格高时，买家直接去其他三家，高价产品就被放弃。或者如果产品的卖点不是自己想要的，买家也不会点击。即使点击了，买家下单的概率也会很低。

以影响买家点击的主图为例，只要价格高，买家会立刻掉头就走。而在产品详情页展示的信息中，如果发货时间太长，买家将会放弃；如果没有服务承诺（或服务承诺没有比竞品更优），买家会放弃；如果产品缺少一项功能，买家也会放弃。因此，卖家不可能满足所有的买家，卖家能做的就是提供价值给需要产品的用户。

笔者在前面讲过，主图上有第 1 卖点、第 2 卖点、第 3 卖点等，卖家要吸引关注第 1 卖点的买家转化下单，吸引关注第 2、第 3 卖点的买家尽量转化成交。但是，如果没有转化，卖家也不要失望，因为市场竞争太激烈，无法满足所有用户的需求。现在的买家是有史以来最挑剔的群体，他们既要"星星"也要"月亮"，卖家很难满足其要求。

OPPO 曾经打出"充电 5 分钟，通话 2 小时"的广告语，这是它的最大卖点，即第 1 卖点。没错，OPPO 的充电速度是很快，但它的拍照功能、待机时间也不错，还有系统非常流畅、外观设计独特。然而，OPPO 只将"充电 5 分钟，通话 2 小时"这个特点当作自己的第 1 卖点广而告之。这是为什么？

因为 OPPO 很清楚，"充电快"这个卖点就可以把那么多有"需要充电速度快"诉求的用户吸引住了。从体察用户痛点这个角度来说，小米是远远不及的。后来，小米手机也推广"快充"这个卖点。但是，由于 OPPO 先发制人，快充手机的印象早已深入人心，小米后发制于人，失去了先发优势，为时已晚。因此，卖点一定要突出，只有如此才能深度收获需要具有这种特点的产品的用户。

产品的价格、卖点、服务、参数等因素互相关联，买家不会因为产品的价格很低就去购买，他还要看产品是否有用。一件 T 恤 9.99 元，价格是很低，人人都买得起，问题是这个能穿吗？质量是你需要的吗？风格是你喜欢的吗？买给男朋友，他会接受吗？种种问题导致结果千差万别。送男友 T 恤，是不是买个品牌的更好？是不是要质量好一点，包装好一点？是不是不掉色？是不是可以退换？能解决这些问题，才是一件能够用来送男友的 T 恤在主图详情页应该表达的卖点和服务。至于价格，官方定价（实体店售价）至少在 80 ～ 300 元这个范围才能送人吧？毕竟，价格是体现"爱"的一个小小的关联因素。

讲了这么多，笔者是要和读者讲清楚，产品详情页在价格、卖点、服务等因素均衡和匹配的前提条件下可以起到高转化作用。最怕卖家的产品详情页设计得没问题，但定价、服务不合理，卖家却要一个合理的销售结果。这很不合理！

那么，为什么页面美观度也是一项提高转化的因素呢？

美观的页面分为两种。一种是有设计感，文案经过斟酌，排版得体，颜色协调（如手机、口红、项链、香水）；另一种是没有设计感，但是图片清晰，文字准确，表达恰到好处（如土特产、农产品、手工制品）。这两种页面都很不错，无所谓哪个更好。卖家具有这种对产品负责的态度（详情页表达出来），就能取得买家的信任，提高转化率。

2.2.1　详情页的黄金前三屏

拼多多作为手机端社交电商平台，有两个显著的特点。

（1）价格非常便宜（很像初期的淘宝）。

（2）必须拼团购买，过期失效。

这就导致买家的购买决策时间非常短：30 元以内的产品，买家购物时几乎秒下单；30 元以上的产品，买家购物的时间也比在京东、天猫、淘宝用时少很多。

既然时间花得少，那么买家为了了解产品，有的只看主图就下单了。如果主图没有把产品介绍得更详细，有的买家还会看产品详情页。因此，产品详情页的前三屏几乎成了买家购物决策的最后一关。前三屏做得好，就能使买家解除疑虑立刻下单。

那么，详情页前三屏如何展示产品的价值，点石成金呢？笔者用案例来分析这个问题。实例的选取标准为销量超过 2 万件的单品，并且分两种情况来分析。第一种情况是分析价格 50 元以下的产品；第二种情况是分析价格 50 元以上的产品。

第一种情况：价格 50 元以下的产品详情页前三屏实例。

图 2-24 所示的是搜索"猫粮通用型"出现的第 1 个产品（非广告）。产品前三屏的内容包含"服务承诺""产品功能""优惠政策""售后处理"，买家浏览后能直观感受到以下信息。

图2-24 "猫粮通用型"详情页展示图（1）

（1）购买无风险：长达 30 天退款退货期，拆袋可退，或不吃可退，购买风险低。

（2）发货快。

（3）产品品质好：页面中提到的不管是增强免疫力，还是呵护肠胃、补钙祛痕等信息，都是告诉买家这个产品有很多优点。

然而，质量保证、新品促销等信息都是噱头。

为什么这么讲？原因有以下两点。

（1）质量保证不成立。去哪里验货，谁来验货？

（2）新品促销也不成立。如果说 5 斤 15.9 元是促销，但是竞品还有 5 斤 9.8 元的。价格一对比就出来了，"是不是促

图2-25 "猫粮通用型"详情页展示图（2）

销"，这瞒不了。

因此，这两个概念只是看起来承诺了更多，实际上并没有兑现；其唯一的好处在于好看，显得承诺多。

图 2-25 所示的是搜索"猫粮通用型"出现的第 2 个产品（非广告）。产品前三屏的内容包含"服务承诺""产品功能""要好评""售后处理"，买家浏览后能直观感受到以下信息。

（1）购物无风险，还有运费险。有了运费险，才是真正的购物无风险。对比图 2-24 和图 2-25 后可以发现，图 2-24 并没有展示退货产生的运费由谁负责（大概率是买家自己承担退货运费），而图 2-25 展示了卖家负责，服务更好。

（2）"发货须知"很贴心，为买家考虑，展示了很周到的服务。这个温馨的提示可以获得买家的信任，是增加转化率的加分项。

（3）向买家要好评。对于一部分买家来说，好评后可以赚钱也是一个亮点。

（4）承诺保证书。保证书至少在名义上给买家创造了放心购买的理由，这也是加分项。

图 2-25 所示的前三屏并没有向买家介绍产品，而是从不同的角度告诉买家：你买了我家的产品，没有任何后顾之忧，先试试，保证不会有损失。页面在三屏以后才介绍产品。

图2-26　"猫粮通用型"详情页展示图（3）　图2-27　"猫粮通用型"详情页展示图（4）

图 2-26 所示的是搜索"猫粮通用型"出现的第 3 个产品（非广告）。产品并没有在详情页前三屏做任何解释说明，但销量依然很高，这是为什么？因为拼多多主图可以放 10 张，10 张主图可以展示很多信息。卖家能利用好主图，买家就不用再看详情页了。

图 2-27 的逻辑和图 2-26 一样，因为拼多多主图可以放 10 张，10 张主图可以展示很多信息。图 2-27 就在主图里展示了很多信息，详情页就没有必要再放优惠、服务等信息了。

图 2-28 的风格和图 2-26 很接近，都是用了相同的操作手法。

详情页前三屏的核心任务就是取得买家的信任。因为笔者已经说过，买家在点击进来时就已经知道价格和卖点，其内心已经接受这个产品了。买家进来是想看看其他一些信息，如购物后的售后处理、发货情况、产品参数等细节。

因此，详情页前三屏要解决的问题如下。

（1）服务承诺（售后、退货、破损）。

（2）发货时间。

（3）产品情况（如参数等）。

图2-28　"猫粮通用型"详情页展示图（5）

那么，为什么详情页前三屏不用展示"优惠信息""直降 ×× 元""历史最低价""本产品荣获 ×× 奖（荣誉）""销量 ×××××件"这些常见的宣传呢？具体原因有以下几个方面。

（1）关于价格，拼多多已经很低了，非常好对比，没有必要再说价格。

（2）关于优惠券，买家可以经常看到天猫、京东、淘宝会出数百元甚至上千元的优惠券，而拼多多没有，因为拼多多的产品只有几块钱，利润低，所以优惠券不是主推信息。

（3）关于奖状、荣誉，日常几十块钱的产品还需要荣誉吗？有荣誉的产品，价格肯定不会低，还会在这里卖？

（4）关于销量 ×××××件，买家在拼多多主图下面就可以看到总销量，所以详情页前三屏就不用展示了。

第二种情况：价格 50 元以上（高价）的产品详情页前三屏实例。

图 2-29 和图 2-30 是搜索"电风扇落地"后的结果，我们从中能明显看出价格变高，销量直线下降（进一步证明了拼多多上低价产品容易出量，高价产品的用户更喜欢去其他电商平台购物）。

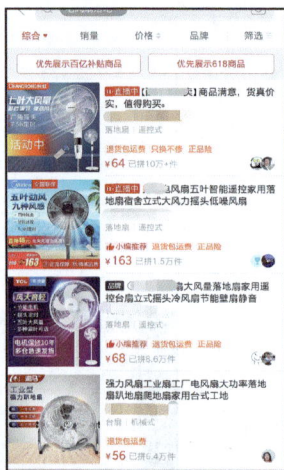
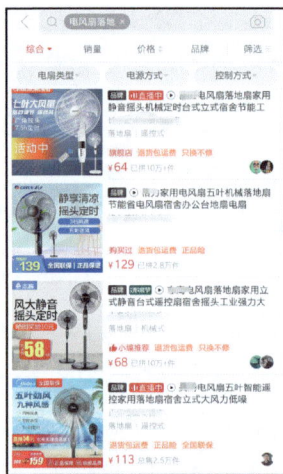

图2-29　主图展示图（1）　　图2-30　主图展示图（2）

在这种客观条件下，笔者分析一下图 2-29 中价格 163 元的产品、图 2-30 中价格 129 元的产品，它们的产品详情页前三屏有何不同。

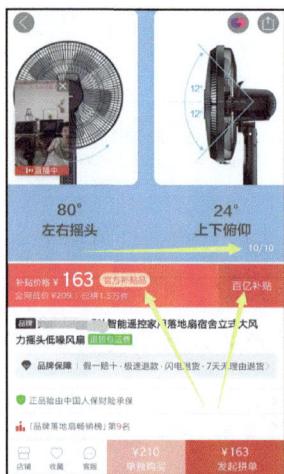
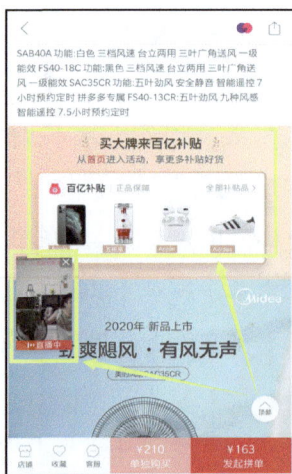

图2-31　价格163元的电
扇产品详情页展示图（1）

图2-32　价格163元的电
扇产品详情页展示图（2）

图 2-31 和图 2-32 所示的价格 163 元这款产品之所以销量达到 1.5 万件，原因分析如下。

（1）10 张主图全部放满，其中的信息量很丰富，买家看完主图后对产品已经形成基本的了解。

（2）百亿补贴，官方补贴品，信任度很高。

（3）直播＋百亿补贴双重推广，能让买家很直观地感受到产品的品质和优惠两重信息。

因此，信任问题已经得到解决。

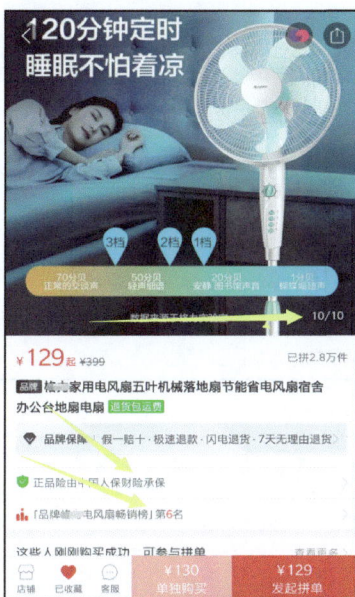

图2-33　价格129元的电
扇产品详情页展示图（1）

图2-34　价格129元的电
扇产品详情页展示图（2）

图 2-33 和图 2-34 所示的价格 129 元这款产品之所以销量达到 2.8 万件，原因在于以下几点。

（1）10 张主图全部放满，其中的信息量很丰富，买家看完主图后对产品已经形成基本的了解。

（2）董明珠代言广告，以绝对的实力碾压了所有的运营技巧。

因此，名人背书解决了所有问题。

这时候，如果买家为了价格，到天猫、京东去对比一下，就知道在哪家下单了。这种高价产品如果是标品，价格对比太容易，卖价肯定上不去；如果是非标品，以目前拼多多低价快消品的定位很难有溢价。

由以上分析可以看出，如果产品的信息和卖点已经在主图上展示得很好，卖家就不用在详情页上下过多功夫。如果主图不能很好地展示产品的信息和卖点，那么详情页的前三屏要展示的信息就应包含以下几个方面。

（1）服务承诺（售后、退货、破损）。

（2）发货时间。

（3）产品情况（言简意赅）。

2.2.2　页面的布局和色调

通过上面的讲解，页面的布局已经很清楚了。卖家可以这样认为：主图也是产品详情页的一部分，从第一张主图就已经开始介绍产品了。因此，从第一张主图就开始了产品的推销，一直到产品详情页。

本节给读者提供一张基本的产品页面布局清单，如表 2-3 所示。

表2-3　页面布局清单

序号	项目内容
1	价格促销、设计、第1卖点、第2卖点、第3卖点
2	使用场景、参数信息
3	差异化卖点
4	买家反馈、买家秀
5	售后服务、退货说明
6	包装

在表 2-3 中，左边的序号分别代表内容 1 ~ 6，内容 1 展示的是价格促销、设计、第 1 卖点、第 2 卖点、第 3 卖点等信息。如果内容 1 能用一张图表现出来，就用一张图；如果一张图表现不出来，就用两张或三张图展现。表中内容 2 ~ 6 的逻辑相同。所以，左边的 1 不代表第 1 张图，2 也不代表第 2 张图，而是表达内容 1 包含什么、内容 2 包含什么。

内容 1 综合展示产品信息，产品的最大优势要在第 1 张主图上尽量完全表达出来。因此，价格、卖点、设计风格这几个最重要的元素要在第 1 张主图上让买家看到。买家看到第 1 张主图被吸引后，会继续浏览第 2 张主图。第 1 张主图的作用就是吸引买家看第 2 张主图。

第 2 张主图展示产品的使用场景、参数信息等内容，进而引导买家看第 3 张主图。第 3 张主图展示产品的差异化卖点，继续激发买家的兴趣，引导他看第 4 张主图，然后依次第 5 张、第 6 张顺序看下去。总之，看主图就像坐滑梯，一滑滑到底，最后下单、付款。

表 2-3 中的布局除了第 1 张主图，其他主图的顺序都可以调换。卖家根据产品要求、竞品状况打乱主图的前后次序，这些都不影响买家转化。

那么，详情页的色调又应该如何搭配呢？

图 2-35、图 2-36、图 2-37、图 2-38 所示的 4 个拼多多页面，设计风格都达到了色调协调、浑然一体的效果，看起来让人感觉非常舒服、自然。从买家的购物体验来看，视觉效果相当令人迷恋。

图2-35　拼多多详情展示图（1）

图2-36　拼多多详情展示图（2）

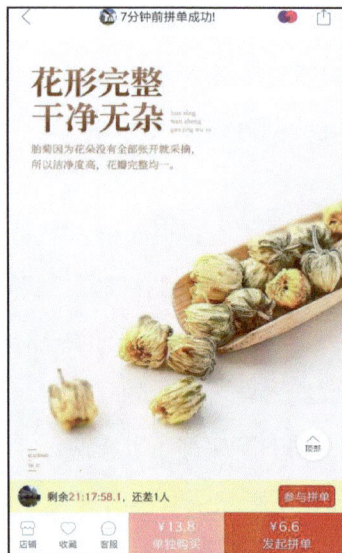

图2-37 拼多多详情展示图（3）

图2-38 拼多多详情展示图（4）

卖家如果没有设计师，可以用实景图直接拍照上传；如果有设计师，就要达到类似这4幅图的设计效果。

产品页面的设计有它自身的设计语言，也有色调搭配标准。我们看看下面的色调搭配图谱。

图2-39、图2-40、图2-41所示的是三种不同风格的色调搭配图谱。从图中看出，一种风格的展现效果有多种搭配，但每种搭配都有对应的色系。这就是色彩搭配学。

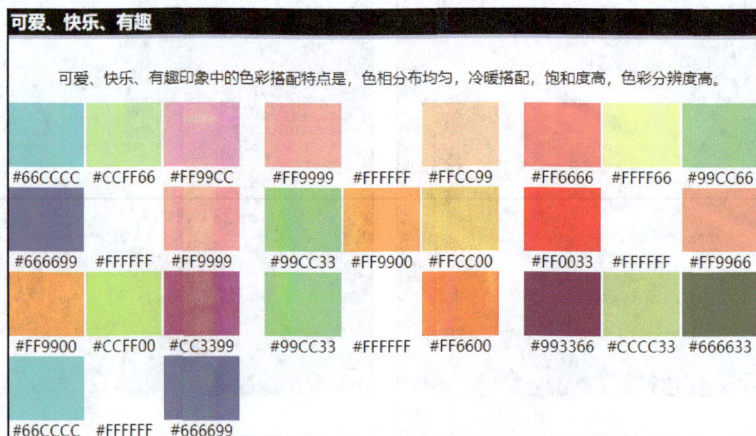

图2-39 色调搭配图谱（1）

轻快、华丽、动感

华丽的印象要求页面充斥有彩色，并且饱和度偏高，而亮度适当减弱则能强化这种印象。

#990066	#FFCC00	#CC0033	#FFCC33	#333399	#FF0033	#666699	#FFFF00	#FF0033
#FF0033	#006699	#FFFF33	#FFCC00	#009999	#CC3366	#FF0033	#CCCC00	#006699
#CCCC00	#FF9933	#663399	#FF9933	#FFFF00	#336699	#CC3333	#FFCCCC	#99CC00
#003399	#FFFF00	#FF6600						

图2-40　色调搭配图谱（2）

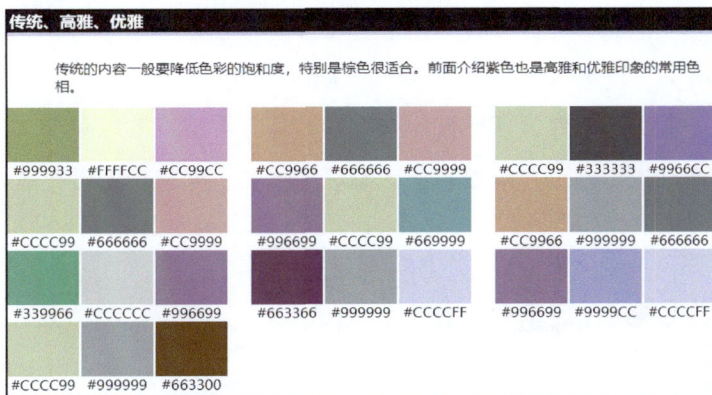

传统、高雅、优雅

传统的内容一般要降低色彩的饱和度，特别是棕色很适合。前面介绍紫色也是高雅和优雅印象的常用色相。

#999933	#FFFFCC	#CC99CC	#CC9966	#666666	#CC9999	#CCCC99	#333333	#9966CC
#CCCC99	#666666	#CC9999	#996699	#CCCC99	#669999	#CC9966	#999999	#666666
#339966	#CCCCCC	#996699	#663366	#999999	#CCCCFF	#996699	#9999CC	#CCCCFF
#CCCC99	#999999	#663300						

图2-41　色调搭配图谱（3）

卖家做页面时最大的问题，即老板（领导）说什么就是什么，根本没有什么色彩的美感。这是很多卖家（包括设计师）遇到的烦恼。因此，学习本节后，卖家能够变得更加专业，更加客观、理智地对待产品详情页。

关于具体的色系搭配，读者可以买设计专业的书来看，笔者在此不多做论述。

2.3 拼多多的电商重心转移之路

卖家要想做好拼多多店铺，就要了解它的运营模式。拼多多是社交电商和游戏化运作催生出来的新平台，具有强大的传播力。这种传播力激发了巨大的潜在购物需求。这种需求之所以能够落地转化，就是因为产品很便宜。黄峥用性价比极高的日用消耗品激活了国内巨大的购物需求，最终带动拼多多这匹电商黑马杀出阿里巴巴、京东的包围圈，成就了电商第三极。

拼多多要什么？它要的是迅速成交。

拼多多没有购物车，平台不欢迎买家把产品放到购物车里慢慢考虑；主图有10个位置，鼓励买家看完后就下单，不必再看详情页，那是浪费时间；大红底色的"去拼单"三个字异常醒目，是在催促买家赶紧掏钱成交；一刻不停地倒计时，仿佛在告诉买家时间宝贵，快去下单，何必浪费时间在浏览产品上。

这一切就是拼多多的逻辑，是它想要的结果。拼多多深知，移动互联网时代，碎片化时间越来越多，利用好碎片化时间将是一笔大生意。买家也因此感受到拼多多的每一处细节都很急迫，从而被迫着去付钱、付钱、付钱。

懂得了这个，卖家就知道怎样做产品页面了。

拼多多在不断地四处疯狂挖掘流量的同时，告诉卖家的只有一句话：提供极高性价比的产品！因此，如果没有一定的成本优势，卖家想把拼多多做好是非常困难的。

2.3.1 拼多多和淘宝的对比

回想互联网初期，淘宝产品便宜，又有支付宝担保、旺旺沟通、开店免押金，这些尽得人心的措施奠定了其电商霸主的地位。PC 时代，淘宝一时风头无两。

移动互联网时代，拼多多的诸多创举像当初新生的淘宝。不仅仅是时代变了，也不仅仅是从电脑转换到手机这么简单，而是购物环境和心智都改变了。拼多多正是深刻理解了心智改变后造成的后果。

如果说淘宝（PC 电商）是初步改变了购物的时间和空间，那么拼多多（移动电商）是彻底改变了购物的时间和空间。

当淘宝从 PC 端转移到手机端时，绝对是成功的；当每年"双十一"的销售额一年比一年高涨时，淘宝无疑是胜利的。当聚划算被下架，淘宝卖家忍受不了平台严苛的规则时，淘宝则在悄悄地走下坡路。但这时，村淘的兴起遮掩了淘宝的颓势，淘宝人没有发现危机已经来临。

当淘宝将 5 元以内的产品赶尽杀绝时，当淘宝对 9.9 元的产品不再重视时，拼多多悄无声息地推出了 0 元购、砍价免单、2.9 元包邮的手机壳、4.9 元一双包邮的拖鞋。这个时候，市场爆发了，买家疯狂了，社群电商起来了。拼多多用 5 年获得 6 亿用户，用 5 年破万亿 GMV，成为电商黑马，而淘宝则逐渐变色了。这就是移动互联网时代的电商传奇。

在使用体验上，拼多多和淘宝有两个鲜明的区别。

（1）淘宝是搜索电商，买家需要购物时才去。因此，上淘宝的都是精准买家，买了就走。拼多多是社交电商，朋友主动推荐到眼前来（有可能不需要），但是性价比极高，导致"我"不管有没有用，先屯着再说吧，结果这个产品被收入囊中。

（2）淘宝希望买家多浏览产品，多看视频，多用旺旺咨询，希望买家在淘宝里玩的时间越长越好。而拼多多则希望买家用的时间越短越好，一眼看中就付款，然后赶紧关闭 App 等着收货就好。

2.3.2　价格分层：运营拼多多必须掌握的价格设计方法

作为卖家，我们应该了解拼多多平台要什么。知道了拼多多要什么，我们才能提供什么。

拼多多的三个底层逻辑（平台理念）如下。

（1）价格便宜（让人来买高性价比的产品）。

（2）社交化（病毒式传染，传播最快）。

（3）拼团秒下单（高转化，想都不想就付款）。

在这个底层逻辑基础上，卖家需要考虑的是怎样既能把产品卖出去，又能利润最大化；卖家需要解决的问题是既要成本链控制到最优，又要效率能提到最高。这是一个难题！

如果纯粹地和对手竞争，你卖 19.9 元，我就卖 19.8 元；你卖 19.8 元，我就卖 19.7 元，这样市场就会做烂，不但谁都赚不到钱，还把整个产业链搞得遍体鳞伤。那么，我们应该重新换一种思路，重新进行价格分层，让价格冲出红海，开辟蓝海。

价格分层的最终目的，就是让买家无从比价。

卖家要想做好价格分层，可以从以下两方面着手。

（1）卖家有一款价格低的引流款，这个价格让买家看到后就能眼前一亮，立刻点击进来。

（2）卖家将产品SKU套餐化，价格多样化，让买家能自由选择。

笔者以"猫粮"为例进行讲述，如图2-42、图2-43所示。

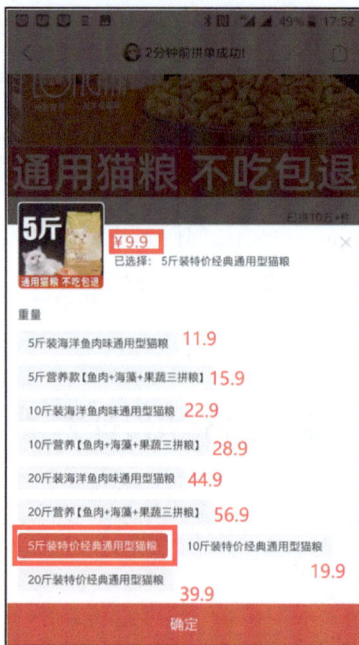

图2-42 套餐价格页面截图（1）   图2-43 套餐价格页面截图（2）

图2-42和图2-43是两张猫粮产品的价格页面。图2-42除了提供一款引流款以外，还有8种SKU，价格较丰富，买家可以自由选择适合自己猫咪口味的一款SKU。而图2-43所示的这款产品仅有两种SKU，并且没有引流款，买家能选择的价格范围极小。可以说，图2-43所示的这种价格设计方式一点都不替买家考虑，是不能期待买家会下单的。销量好不好，一看便知。

在这种情况下，有卖家也想卖猫粮产品，该如何做呢？

图2-42所示的产品已经卖了几万件，先发优势巨大。那么，后来者应该怎样做？

如图2-44、图2-45所示，可以用案例来分析该怎么做。

图2-44 套餐价格页面截图（3）　　图2-45 套餐价格页面截图（4）

图 2-44、图 2-45 是两种产品不同的定价策略，经过对比分析，我们能看到两者的明显区别如下。

（1）图 2-45 中的引流款比图 2-44 中的引流款低 0.1 元钱（引流款的价格有优势）。

（2）图 2-45 附带赠品，增加了拼装套餐，打乱了价格对比的条件，让人无从比价（避免价格正面竞争）。

（3）图 2-45 使用属性加套餐的形式，使买家的选择更加灵活自由（选择范围更大）。

至此，图 2-45 的价格分层彻底完成。图 2-45 不但做到了既有最低价（引流款），又能做到在价格上使买家无从比价（利润自然有保障）。

价格分层的最终目标就是为了既有最低价引导流量，又能让买家无从比价，避免正面竞争。买家无从比价，这样卖家才有利润。

第3章

设计有超强吸引力的标题

为什么我们会看微信朋友圈里的文章？微信朋友圈的文章只显示一个小图和一行标题。

为什么我们在今日头条上仅仅看了一句没有配图的标题，就急不可待地点击进去？

为什么浏览网页时突然弹出一页广告，看了上面闪烁的文案，就有人下意识地点击进去？

如果说上面的这些事仅仅只发生一次，那么只能算是巧合。但是，这些事经常在我们的网络生活中发生，恐怕其中存在某种逻辑关系。我们将这种逻辑关系称为"科学的广告"。

标题就是广告。

从大卫·奥格威到约瑟夫·休格曼，从克劳德·霍普金斯到约翰·卡普斯，还有杜雷顿·勃德、约翰·卡尔顿、杰·亚伯拉罕、盖瑞·亥尔波特、加里·本奇文佳、克雷顿·麦克皮斯、乔·苏格曼，这些广告大师告诉我们一个共识：任何内容，最重要的只有第一句话，然后是第二句话、第三句话……依次往下。

标题就是第一句话，其作用在于引导阅读。读者在阅读一篇文案时，全部注意力都是从标题开始的。所以，对于一篇文案来说，标题就是它的起点。

拼多多被大众所熟知，是从朋友圈悄悄兴起的"拼多多式文案"开始的。下面我们欣赏一些拼多多提供的教科书式的文案范例。

文案一

你知道你和星星的区别吗？

星星点亮了黑夜，而你点了我的拼多多链接。

点击链接 https://……

文案二

那年，没有人人、微博、微信，大家还很单纯。阳光照在安静的自习课堂里，空气中弥漫着书香。突然暗恋的女孩扔了一个纸条给我，对我眨眨眼，我喜出望外，迫不及待打开后发现上面写着："帮我点一下拼多多天天领现金 https://……点击链接或者复制整条信息打开'拼多多 App'就可以了。"

文案三

一个女孩让一个男孩在楼下等她一百天就嫁给他。

男孩每天都站在楼下等她，结果那个男孩在第99天时微笑着离开了。多年过后有人问他，你坚持了这么久，眼看就要成功了，为什么在关键时刻离开？

男孩解释着说："我当时正在参加拼多多天天领现金https://……点击链接或者复制整条信息打开'拼多多App'就可以了。"

文案四

一天，小熊问熊妈妈："妈妈，什么是幸福啊？"

熊妈妈说："孩子，你到森林里去问一圈就知道了。"可是，森林里小兔子、小狐狸、小老虎都说不知道。

傍晚，小熊又累又饿回到家后，他发现家里摆满了又香又好吃的饭菜。小熊很开心，问妈妈为什么做了这么多饭菜。

妈妈说："我在拼多多获得了100元现金。帮我点一下，你也可以领现金。点击链接https://……或者复制整条信息打开'拼多多App'就可以了。"

这些文案是不是似曾相识？你是不是也曾看到第一句话后迫不及待地打开过？

拼多多的产品被买家注意到是从主图、价格、标题开始的。从形式上看，主图、价格、标题互相依存；从重要性上看，主图、价格、标题依次而立，其中，主图占据了最大的位置，也是最引人瞩目的位置；从吸睛角度来说，主图、价格、标题三者中，主图以压倒性的优势获得了至少80%的关注度。

那么，标题是不是不重要？标题的重要性体现在什么地方？大家可以想一想。如果能想明白，就可以略过这一章的内容，直接阅读下一章。

虽然主图占据了买家的注意力，但是标题占据了平台的注意力。由于主图占据的位置比较大，因此买家看产品时的注意力更容易被主图吸引，如图3-1所示。

而标题是能被平台"看到"的。

为什么买家搜"猫粮"时会出来一大堆猫粮产品，而不是狗狗玩具、小孩衣服呢？这就是因为拼多多平台读取了产品的标题和属性，对产品有数据认识。这些信息都会被打成标签。一旦买家搜某种类型的产品，拼多多就会根据计算后的结果向这个买家推荐"准确标签"的产品。

拼多多平台上有数以亿计的产品，而拼多多准确地了解产品是从读取产品的属性和标题开始的，因为图片上的文字不能被准确识别。产品的属性是固定的，产品的名称、型号、重量、产地等只能填写文字，不能随意填写其他信息。产品的标题最多可达 30 个字，具有较大的可操作空间，更加灵活自主。

这就是标题的重要性——它能被平台找到。

本章要讲的内容就是怎样给产品定标题，才能吸引平台的注意力，让平台看到并推荐给准确的买家。

图 3-1　主图范例

3.1　标题的组成部分

图 3-2 中的标题是"猫粮 10 斤 20 斤装幼猫成猫通用型批发营养增肥特价"。这个标题好不好？如何评价？

正所谓没有对比就没有伤害。

图 3-3 中的标题是"猫粮通用型包邮 5 斤 10 斤 20 斤幼猫成猫流浪猫粮 2.5kg 美毛特价 500g"。这个标题好不好？如何评价？

如果大家眼睛亮的话，一眼就能看到图 3-3 的销量已超过 10 万件。所以，直观判断图 3-3 的标题好。

这种简单粗暴的方法当然可行。感性地说，一款销量超过 10 万件的产品在运营推广的很多方面肯定要好于销量只有 570 件的产品，包括写的标题；理性地说，一款销量超过 10 万件的产品在写标题上肯定要好于销量只有 570 件的产品。

图3-2　标题范例（1）

图3-3　标题范例（2）

　　一个标题最多可以写 30 个字，也就是说，一个标题最多有 30 个字，由于一个字是 2 个字符，所以一个标题最多有 60 个字符。如何准确理解这句话？很简单，做一个测试就知道了，如图 3-4 所示。

猫粮10斤20斤装幼猫成猫通用型批发营养增肥特价	22字
猫粮通用型包邮5斤10斤20斤幼猫成猫流浪猫粮2.5kg美毛特价500克	30字
字字字字字字字字字字字字字字字字字字字字字字字字字字字字字字	30字

图3-4　标题对比图

　　拼多多标题的计算方法是 1 个文字为 2 个字符，数字和标点符号为半个字。

　　搞懂"一个标题最多填写 30 个字"这项规则后，我们再用"猫粮通用型包邮 5 斤 10 斤 20 斤幼猫成猫流浪猫粮 2.5kg 美毛特价 500 克"这个标题，来看看标题的组成部分。

　　如果有读者说："我不想填满 30 个字，行吗？"当然可以，那是你的店铺，你可以自由填写。但是，如果参照对比过同行排名靠前的店铺后，很多卖家是不会这么说的。因为优秀同行的标题位置字数都用满了，说明填满标题是有好处的。卖家的标题用的字数多，会受拼多多平台的"喜欢"，平台会给店铺带来更多推荐，使店铺运营得更好。

标题可分为四部分，分别是"主关键词""属性词""数字"和"卖点词"。我们对"猫粮通用型包邮5斤10斤20斤幼猫成猫流浪猫粮2.5kg美毛特价500克"这个标题做以下分析。

（1）主关键词：猫粮通用型。

（2）属性词：幼猫、成猫、流浪、美毛。

（3）数字：5斤、10斤、20斤、2.5kg、500克。

（4）卖点词：包邮、特价。

经过这样的分析，我们很容易可以看出一个长长的标题都包含哪几个部分，每个部分都包含哪几个词。标题只要把这几个词排列组合起来，阅读通顺即可。

3.1.1　一个准确的主关键词

主关键词需要的是准确。我们要占领一个品类的展现排名，产品命名必须符合这个品类的命名规则和本身实力。如果我们有一个刚上架的新品，该采取什么样的主关键词呢？如果我们有已运营一两个月、有初步销量的产品，又该如何选取关键词呢？这两者是不同的。

我们用案例来说明。

图3-5、图3-6所示的是"猫粮"和"猫粮通用型"两个关键词搜索后展示出来的结果。这些词怎么用呢？

"猫粮"是一个非常大的词，它下面的"猫粮通用型""猫粮幼猫""猫粮营养""猫粮成猫""猫粮通用型5斤""猫粮铲""猫粮通用型特价""猫粮通用型增肥""猫粮营养幼猫"等词，每一个都代表了背后的需求，代表了此时此刻买家用什么词搜索（就是展示的这10个词）。作为新品，如果选这些词做主关键词，必将要和已经做得很强的（销量很高）竞品竞争，那么竞争丝毫没有优势。

所以，主关键词选择竞争少一点的细分领域关键词，机会就要多一些。在图3-6中，我们会看到"猫粮通用型"这个产品的需求变成了"幼猫""成猫""营养""40斤""增肥""大袋""鱼味""流浪""特价""20斤"。

当我们选择关键词"猫粮通用型"时，竞争度就远远少于关键词"猫粮"。当我们选择关键词"猫粮通用型幼猫"时，竞争度就远远少于关键词"猫粮通用型"。在"猫粮"这个关键词涉及的范围中，可能有 5 万个竞争产品。但是，"猫粮通用型"这个关键词可能就只有 3 万个竞争产品。而到了"猫粮通用型幼猫"这个关键词，或许仅剩下 3000 个竞争产品。

图3-5　"猫粮"关键词

图3-6　"猫粮通用型"关键词

当卖家把关键词"猫粮通用型幼猫"做得比较好、能达到单品关键词前 10 名时，卖家的"猫粮通用型"关键词的展示机会就会增加，并会有更多的访客。我们很难界定不同阶段的主关键词到底是哪个，但我们能明确知道的是卖家把细分领域的关键词"猫粮通用型幼猫"做得比较好时，排名肯定靠前，展现会更多，会在更大范围内（"猫粮通用型"）得到不错的展现成交。

因此，卖家的工作要这样做。

初期，找准一个主关键词，如"猫粮通用型幼猫"或"猫粮通用型增肥"这样的细分领域主关键词（主要是根据自己的产品卖点定主关键词），引导初期的精准用户产生成交。有了一定的成交，卖家就可以在"猫粮通用型"这个关键词范围内得到不错的展现成交。经过一定时间的累积，就可以在"猫粮"这个最大的关键词范围内展现成交。这个过程逐层递增，在实践过程中，卖家可以看到这种"明显前进"的变化。

那么，卖家怎样才能知道自己的主关键词什么时候是哪个呢？什么时候是"猫粮通用型幼猫"，什么时候是"猫粮通用型"，什么时候是"猫粮"？

新上架产品，卖家用主关键词"猫粮通用型幼猫"推广一段时间。例如，成交 1000 单后，卖家的主关键词是"猫粮通用型"，还是"猫粮通用型幼猫"呢？

检验办法很简单，卖家用这两个关键词分别搜索一下，哪一个关键词的产品排名靠前，哪个就是主关键词。但是，卖家千万不要以为主关键词只有一个，有时候"猫粮通用型"和"猫粮通用型幼猫"排名都很靠前。那说明卖家在这两个战场都做得很好。

3.1.2　多个属性词

笔者依然以"猫粮通用型包邮 5 斤 10 斤 20 斤幼猫成猫流浪猫粮 2.5kg 美毛特价 500 克"这个标题为例进行分析。

属性词：幼猫、成猫、流浪、美毛。

属性词能有什么作用？属性词能让买家找到最适合自己的产品。

我们再看这样一个标题并作对比。"猫粮 10 斤 20 斤装幼猫成猫通用型批发营养增肥特价"，这个标题的属性词是什么？

属性词：幼猫、成猫、营养、增肥。

这两个标题，第一个长一点，笔者将其称为长标题；第二个短一点，笔者将其称为短标题。短标题中的属性词，幼猫、成猫、营养、增肥，是不是都在哪里出现过？我们看图 3-6 就会发现，原来搜索框下面已经包含了这些词。标题中这些词都不是卖家随便写上去的，也不是卖家瞎猜的，而是卖家参考了同行或搜索框写上去的。

对比长标题，长标题中的属性词"流浪"也是一个很准确的词。

而"美毛"又作何解释？如果对美毛非常感兴趣的话，读者可以去拼多多搜一下"猫粮通用型美毛"这个词的情况。经过搜索，笔者发现一些同类产品都用了"美毛"这个词，说明这个词有市场需求，并且带"美毛"的产品都具有较高的销量。当然，买家不要只搜索"美毛"两个字，只搜索"美毛"出来的是一大堆让眉毛美丽的化妆工具。

那么，卖家怎样找到自己需要的属性词呢？属性词来自以下三个方面。

（1）卖家产品本身的属性是什么，就写什么。

（2）卖家在搜索框用关键词搜索，看看买家都在搜索哪些词，把相关的属性词都填写到自己的标题上。

（3）找到竞争对手，看看竞争对手都在用什么词，借鉴竞争对手的。

经过以上整理，卖家写出来的属性词就会比较全面。

这时，读者可能会问：第一，如果整理了 16 个属性词，难道 16 个都要填写吗？如果要填写，是不是抢占了其他词的位置，如数字、卖点词，标题只能写 30 个字，如何取舍？第二，借鉴竞争对手的，是从销量超过 10 万件的竞争对手那里借鉴，还是从销量超过 1000 件的竞争对手那里借鉴？

第一个问题，对于属性词的取舍顺序，卖家要优先用自己产品固有的词（包装上写的），其次选用搜索框下面出现的系统推荐的买家习惯搜索的属性词，然后才是选用同行常用的词。如果自己固有的词和搜索框里的词已经填满，就不用借鉴同行常用的。而搜索框里的词（这里是指猫粮通用型后面的"幼猫""成猫""营养"这些词）如果都能用（但是基本上不存在全部能用的情况），就可以借鉴这些词。

第二个问题，当卖家的产品刚上架、还是新品时，卖家借鉴的对象是销量为 100 ~ 500 件的产品；当产品的销量超过 500 件时，卖家就要借鉴销量为 2000 ~ 5000 件的产品。也就是说，在不同的阶段，卖家借鉴的对象是不同的，选择销量比自己高 3 ~ 5 倍的竞争对手产品即可。

3.1.3 善用数字词

经过上一节对属性词的讲述，有些读者其实已经知道如何找到数字词了，答案是直接套用填写属性词的方法就可以。这种想法当然是对的。

上一节中长标题里包含的数字词有 5 斤、10 斤、20 斤、2.5kg、500 克，下面就来分析一下数字词。

有的读者会说：5 斤不就是 2.5kg 吗？500 克的怎么卖？低价产品恐怕连邮费都不够吧！

为什么长标题卖家把5斤和2.5kg都放在一个标题里呢？这并不是充字数，而是有些买家习惯用"猫粮通用型5斤"搜索产品，有些买家习惯用"猫粮通用型2.5kg"搜索产品，如果两种数字词都有，就都会被搜索到。这种情况在后面会出现很多，卖家要根据买家的叫法习惯、使用习惯，使自己的标题做到人见人爱，得到最大程度的展现。

而500克怎么卖？为什么要添加"500克"这个词？

"500克"这个词一方面是为了符合搜索需求而添加，有的买家想先买来试用一下，如果效果好就再多买；另一方面是为了吸引买家而添加的——500克的是不是更便宜呢？

3.1.4 超强的卖点词

笔者还是用前文中的长标题为例，分析它的卖点词。

卖点词：批发、特价。

当买家看到批发、特价时，他心里想的是"那应该很便宜吧"，然后会点击进去看看到底卖多少钱。如果价格确实很优惠，他就会下单。

卖点词在提高转化率方面，有画龙点睛的效果。

图3-7中，第3个产品在标题的最前方加了"送试吃装"4个字，同时在主图上有"送试吃装，不吃包退"8个字，意思一样，但主图上的字能被更多人看到。这样会产生什么效果呢？

买家看到"送试吃装"会想：这个不错，买回来先让猫吃试吃装，如果爱吃就留下来，如果不爱吃就退回去，这就不花冤枉钱了。因此，转化率也就上

图3-7 猫粮卖点词

去了。

有些卖家所使用产品标题中的卖点词不是为买家着想，而是在为卖家自己考虑。卖家考虑的是如果买家退货怎么办？如果买家把试吃装留下，把其他正规包装退回来怎么办？这样考虑的后果就是卖点词不吸引买家。

我们想想，"送试吃装"和"便宜"两个词，哪个更有吸引力？

如果写"便宜"，买家货比三家后看到价格高，就会毫不犹豫地放弃；如果写"送试吃装"，买家就会想这个产品应该是质量过硬，不然不会打出试吃的广告。最终结果不言而喻。

总之，卖家一定要注意，恰当的卖点词肯定能提高转化率，但是必须兑现承诺，不然会造成很严重的后果。

3.2　如何拆分标题

3.1 节讲了标题的组成部分，本节讲解如何拆分标题。笔者还是以长标题"猫粮通用型包邮 5 斤 10 斤 20 斤幼猫成猫流浪猫粮 2.5kg 美毛特价 500 克"为例，来分析标题如何拆分。

如果只是按照纯粹的文字拆分标题，那就是文字游戏，没有丝毫意义。我们按照买家的思维来拆分。那么，买家会怎样拆分标题呢？

一整段 30 个字的标题，卖家不会全部写上去，因为买家会按自己习惯使用的词来搜索。例如，"猫粮通用型幼猫""猫粮通用型成猫""猫粮通用型流浪猫""猫粮通用型 5 斤""猫粮通用型 10 斤""猫粮通用型 20 斤""猫粮通用型 2.5kg""猫粮通用型 500g""猫粮通用型包邮""猫粮通用型特价""猫粮通用型美毛""猫粮通用型幼猫特价包邮"等。

在主关键词"猫粮通用型"不变的情况下，排列组合其他属性词、数字词、卖点词，标题就成为买家不同搜索时的关键词。

标题的流量入口是多个关键词共同组成的，这样拆分标题后，不同的词会带来不同的流量。经过这样拆分，买家按照不同的关键词都能找到产品，在浏览比较后决定买还是不买。

3.2.1　给标题的每个词分权重

学习电商的人都会听到"权重"这个词，这个词很重要。然而，权重到底是怎么回事？这个词好像并不是很容易解释清楚，也没有明确的说法。今天，笔者就要把它讲清楚。

这一节讲述的是本章最重要的知识点，也是本书最重要的知识点之一。前面的讲述都是在打基础，读者学习好这节内容才算打开了拼多多的大门。

对于长标题"猫粮通用型包邮 5 斤 10 斤 20 斤幼猫成猫流浪猫粮 2.5kg 美毛特价 500 克"，按搜索结果拆分，买家会搜索以下关键词。

（1）猫粮通用型幼猫。

（2）猫粮通用型成猫。

（3）猫粮通用型流浪猫。

（4）猫粮通用型 5 斤。

（5）猫粮通用型 10 斤。

（6）猫粮通用型 20 斤。

（7）猫粮通用型 2.5kg。

（8）猫粮通用型 500g。

（9）猫粮通用型包邮。

（10）猫粮通用型特价。

（11）猫粮通用型美毛。

（12）猫粮通用型幼猫特价包邮。

买家搜索这些关键词，系统都会推送这个长标题表示的产品，因为标题里面含有这些词。

看到这里，有读者可能会疑问：难道买家搜索"猫粮"就不出现了？

笔者认为可能会，但概率不大。作为一个新品，在"猫粮"这个大词下，排名肯定很靠后，买家看到它的机会太小了。

上面这些词，如果一周内成交数据如下。

（1）猫粮通用型幼猫（成交 5 单）。

（2）猫粮通用型成猫（成交 3 单）。

（3）猫粮通用型流浪猫（成交 8 单）。

（4）猫粮通用型 5 斤（成交 6 单）。

（5）猫粮通用型 10 斤（成交 12 单）。

（6）猫粮通用型 20 斤（成交 2 单）。

（7）猫粮通用型 2.5kg（成交 1 单）。

（8）猫粮通用型 500g（成交 6 单）。

（9）猫粮通用型包邮（成交 8 单）。

（10）猫粮通用型特价（成交 9 单）。

（11）猫粮通用型美毛（成交 1 单）。

（12）猫粮通用型幼猫特价包邮（成交 25 单）。

那么，搜索上面 12 个不同的词，产品排名由高到低顺序如下。

（1）猫粮通用型幼猫特价包邮（成交 25 单）。

（2）猫粮通用型 10 斤（成交 12 单）。

（3）猫粮通用型特价（成交 9 单）。

（4）猫粮通用型包邮（成交 8 单）、猫粮通用型流浪猫（成交 8 单）。

（5）猫粮通用型 5 斤（成交 6 单）、猫粮通用型 500g（成交 6 单）。

（6）猫粮通用型幼猫（成交 5 单）。

（7）猫粮通用型成猫（成交 3 单）。

（8）猫粮通用型 20 斤（成交 2 单）。

（9）猫粮通用型 2.5kg（成交 1 单）、猫粮通用型美毛（成交 1 单）。

一周内，通过搜索词成交后，转化率越高的词，搜索排名越靠前。

那么一周后，买家搜索"猫粮通用型幼猫特价包邮"，出来一大堆产品，长标题表示的这个产品排名第 5；买家搜索"猫粮通用型 10 斤"，出来一大堆产品，长标题表示的这个产品排名第 10；买家搜索"猫粮通用型特价"，出来一大堆产品，长标题表示的这个产品排名第 18；买家搜索"猫粮通用型包邮"，出来一大堆产品，长标题表示的这个产品排名第 23。

我们用第 5、第 10、第 18、第 23 这个名次表示搜索关键词后产品排名位置的关系，这个排名位置关系就是权重的高低。

排名靠前，关键词的权重高；排名靠后，关键词的权重低。反过来说，读者可能更容易理解：关键词的权重高，排名靠前；关键词的权重低，排名靠后。

那么，一周前，长标题所表示产品的成交词里面，哪个关键词的权重最高呢？权重排名前三的关键词如下。

（1）猫粮通用型幼猫特价包邮。

（2）猫粮通用型 10 斤。

（3）猫粮通用型特价。

权重的高低主要是由关键词的转化率决定。这样解释，基本上把权重说清楚了。

但是，卖家也要清楚，产品的排名是由综合因素决定的，关键词权重的影响只占 30% ~ 50%，其他因素还包括店铺权重、客服回复率、销量权重、评价权重等。不过，其他因素的权重都没有关键词的权重对产品排名的影响大。所以，当关键词的权重提高了（转化率提高），其他因素的权重只要不是太差，产品大概率会排到前面。

那么，标题中的每个词怎么分权重呢？这个问题因为涉及新品推广、产品销量破零的知识，笔者会结合 5.3 节"立竿见影的免费推广"进行讲解。

3.2.2　找出标题的亮点

标题的亮点和下一节讲述的卖点看起来比较接近，但是我们仔细分析就会发现二者的区别还是很明显的。

卖点是产品的功能、作用、效果、外观、参数等客观存在的特征，它原本就存在，我们把它提取出来是为了推广营销。而亮点则更多是为了推广人为创造出来的概念，比较虚，但深入人心。

图 3-8 中有两处用红色标注出来，一处是主图上的"本人试吃"，另一处是标题处的"本人试吃"，图中的竞品并没有用类似的词。"本人试吃"的文案是告诉买家：产品健康，人畜都能吃。这样一句话能引起买家的兴趣，从而提高点击率。同时，这样的文案还有一个隐含的优势，即买家会对价格并不怎么计较。因为人畜都能吃，代表原材料优质，产品的质量有保证，买家会对价格有心理准

备，价格高一点也没有关系。

在图3-9中，读者注意椭圆标注的位置，从上到下依次是"治一个好一个""不怕舔""不怕舔，治不好，我全包"。对比其他产品，这几个词就像一颗定心丸，给了买家巨大的信心。

图3-8 亮点词展示图（1）

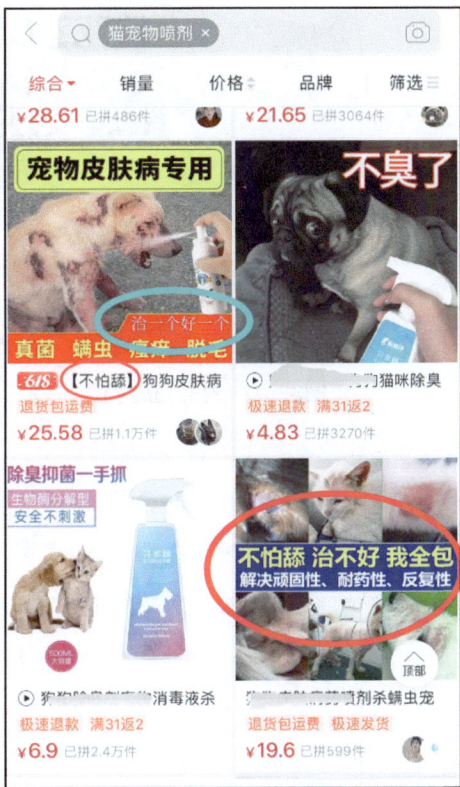

图3-9 亮点词展示图（2）

在图3-10中，读者注意椭圆标注的位置，"治不好算我的""越顽固越有用"都给了买家巨大的购物信心。

在图3-11中，读者注意椭圆标注的位置，"到手价"是告诉买家实际上花多少钱就能买到，让买家得到实惠。那么，为什么不直接降价呢？因为直接降价会带来隐患：如果降价，后续报名参加活动还要再降价，那么对一些利润空间有限的产品就会非常不利。而通过领取优惠券等方式不直接在标价上降低，就不会影响后续的报名参加活动了。

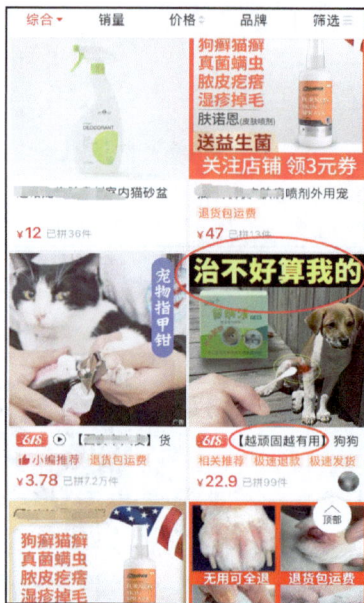

图3-10　亮点词展示图（3）

图3-11　亮点词展示图（4）

在图3-12中，读者注意椭圆标注的位置，"卖假做猫狗"用发誓说明"我是正品"，属于情感营销，容易在情感上引起买家的怜悯，进而产生点击进去看看的行动；而"医师推荐"则是告诉买家"我很专业"，从而更容易引起人的信任。

图3-12　亮点词展示图（5）

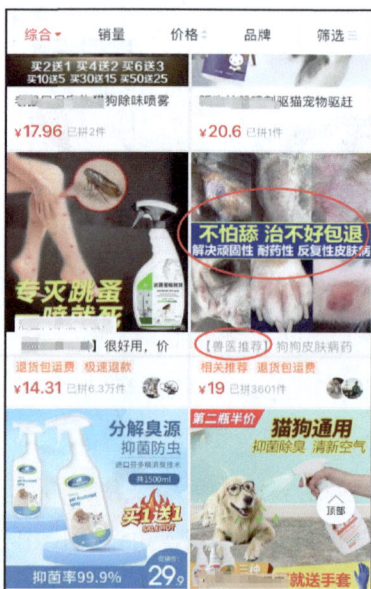

图3-13　亮点词展示图（6）

图 3-13 中，"不怕舔，治不好包退""兽医推荐"都是为了引起信任。

本节给读者留下一个思考题。为什么这些亮点词，有的产品在用，而大部分产品没有用？如果说"医师专用"属于特定产品（如药品），那么"本人试吃""治一个好一个"为什么没有其他人用？

或许，读完本书实践一下，你才会明白！

3.2.3　把卖点词运用到极致

卖点是产品的功能、作用、效果、外观、参数等客观存在的特征。因此，卖点词是产品本身就有的特征描述词。大部分卖家面临的问题不是找不到卖点词，而是卖点词太多，在取舍之间乱了方寸。卖家到底用哪些卖点词，哪个做第 1 卖点词，哪个做第 2 卖点词，这些问题困扰了很多初学者。

正所谓他山之石，可以攻玉。我们通过看案例分析问题，解决问题。

如图 3-14 所示，在"全猫通用"的卖点竞争中，第一个产品走了另一条路，打出了"幼猫专用粮"的卖点。这个卖点具有非常大的吸引力，只要是关注幼猫用粮的买家，自然都会点击。

如图 3-15 所示，"宠物趾间炎"这个词体现的卖点使该产品和其他产品也明显区分开了。

图3-14　卖点词展示图（7）　　图3-15　卖点词展示图（8）

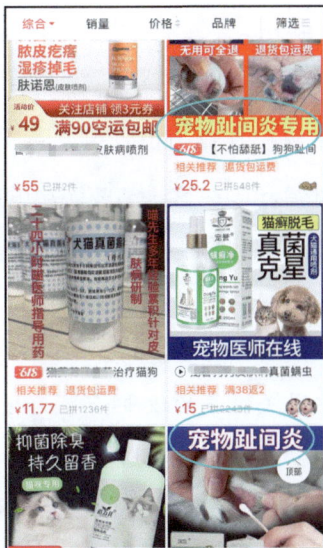

卖点越精准，竞争对手越少，就越容易获取精准用户。那么，问题又回来了：如果产品展现了三个很有优势的卖点，卖家到底应该主推哪一个？

如果是新店的新产品，笔者建议卖家选择行业竞争最弱的卖点，对这个卖点进行主推；如果是已经运营一段时间、有一定基础的产品，卖家可以三个卖点一起推。

如图 3-14 所示，"全猫通用"这个卖点展示出来的两款产品，一款的销量是 7.4 万件，另一款的销量是 5.9 万件。新手卖家再去竞争"全猫通用"这个卖点，有意义吗？除非你的销量和他们差不多，但至少要过万件。同时，你的这款产品还要有第 2 卖点的加持，去竞争第 1 卖点才有一定的胜算（最好是价格比它们都低）。

卖家利用卖点词，不是用相同的词和竞争对手正面竞争，而是用对方忽视或没有注意到的词打击对方的弱点（这个词就是它的弱点）。卖家找到 3 ~ 5 个对方没有注意到的词，经过不断成交，就能积累较大的销量，进而冲击主卖点词。

卖家先发制人，后发制于人。后发者的机会来自把一些大卖家看不上、没写上的小词（标题位置只有 30 个字）利用好，渐渐积累销量，形成后发优势。可以说，学会运用小卖点词是拼多多卖家真正的技术优势。

3.3　写吸睛标题的三种方法

通过 3.1 节和 3.2 节的学习，我们对标题的组成部分、拆分、关键词的权重、卖点已经有了比较完整的理解。在理解的基础上，我们要会给自己的产品写标题。如何写？主关键词从哪里来？卖点词从哪里来？能不能直接复制粘贴竞争对手的标题？这些都是我们在这一节要解决的问题。

我们解决所有问题的出发点，在于我们掌握了以下内容。

（1）标题的组成部分：主关键词、属性词、数字、卖点词。

（2）什么是拆分标题。

（3）什么是关键词的权重。

下面我们实践写标题的过程，通过实践让卖家更容易理解标题包含的内容。

卖家给产品写标题，不仅仅是完成产品发布时的一项工作，而且是卖家同时完成了解行业竞争情况、产品卖点、营销打法、流量来源、推广思路等诸多工作。

3.3.1　准确的主关键词

我们现在假设开新店上新品，怎样给新品写标题？我们要上架的新品如图3-16所示。

从图3-16中，我们可知的信息如下。

（1）产品：猫粮。

（2）适用范围：幼粮，2~12个月。

（3）口味：吞拿鱼、三文鱼。

（4）材质特点：无添加色素，无添加食盐，所有盐分来自于原材料。

（5）成分元素：41种营养元素，促进骨骼发育，增强免疫力，提供充足能量。

（6）含量重量：18天装，净含量1.2千克。

图3-16　产品示例

知道了这些信息，我们开始实践。首先确定主关键词，我们从搜索框下拉词开始。如图3-17所示，我们搜索"猫粮"后会出现一列词，适合我们产品的只有"猫粮幼猫"，其他不精准，所以不用看。如图3-18所示，搜索"猫粮幼猫"后会出现一列词，这是我们需要的。

图3-17　搜索框下拉词截图（1）

图3-18　搜索框下拉词截图（2）

因此，主关键词是"猫粮幼猫"。

其他词，"奶糕""5 斤""增肥变胖""10 斤""小猫咪""一个月""增肥""1 到 4 个月""112 月""增肥长胖"，哪些能用，哪些不能用？

"奶糕"这个词不能用，我们不是卖奶糕的；"一个月"这个词似乎也不合适，我们这个产品适合 2 ~ 12 个月的猫咪；"1 到 4 个月"没问题；"112 月"应该是 1 ~ 12 个月的缩写，也没问题；"5 斤"没问题，我们这个产品的重量是 1.2kg，两个的重量就是 2.4kg，即 4.8 斤，加上外包装就是 5 斤，在页面上要有一个毛重 5 斤、净重 4.8 斤的说明。

好了，现在我们的标题就是"猫粮幼猫增肥变胖长胖 5 斤 10 斤小猫咪 1 到 4 个月 112 月"。

3.3.2　差异化的卖点词

对于"猫粮幼猫增肥变胖长胖 5 斤 10 斤小猫咪 1 到 4 个月 112 月"这个标题，卖点词还能加点什么？我们从产品信息中找。

（1）口味：吞拿鱼、三文鱼。

（2）材质特点：无添加色素，无添加食盐，所有盐分来自于原材料。

（3）成分元素：41 种营养元素，促进骨骼发育，增强免疫力，提供充足能量。

（4）含量重量：18 天装。

将上述信息做以下整理。

（1）对于口味"吞拿鱼、三文鱼"，可以总结成"吞拿鱼三文鱼味"。

（2）将"无添加色素，无添加食盐，所有盐分来自于原材料"的材质特点总结成一句话，即"无人工添加"。

（3）成分元素的内容太多，只能在主图上展示文案。

（4）"18 天装"这一点可以忽略。

因此，整理后的标题就是"猫粮幼猫增肥变胖长胖 5 斤 10 斤小猫咪 1 到 4 个月 112 月无人工添加吞拿鱼三文鱼味"。

3.3.3　有诱惑力的修饰词

经过上面的优化添加，标题基本完成了。此时，我们是否还可以添加修饰词，让这个标题看起来更有诱惑力呢？

关于幼猫，养幼猫的人群会关心哪些问题？

幼猫专用？医师推荐？本人试吃？正品？全营养？天然？

我们经过思考，可能觉得"幼猫专用""天然全营养"比较有吸引力，并且要放到标题最前面。那么，最终标题可以这样写：

【幼猫专用】天然全营养猫粮幼猫增肥变胖长胖 5 斤 10 斤小猫咪 1 到 4 个月 112 月无人工添加吞拿鱼三文鱼味

这超过 30 个字的长度限制了。考虑到一些重叠和无用的信息，经过优化，我们将标题修改如下：

【幼猫专用】天然全营养猫粮幼猫增肥变胖长胖 5 斤 10 斤小猫咪

在写标题的过程中，因为字数限制不得不做出一些取舍，去掉的词也非常有用，可以放到主图上。

以上案例只是用"猫粮幼猫"做了一个写标题示范，但是其思维过程、思路方法是通用的。

关于标题还有最后一个问题，也是人人存在心里没有说出来的疑问：我能复制粘贴别人的标题为我所用吗？

笔者认为，这肯定是不行的，原因有以下三个方面。

（1）使用相同的标题时，后上架产品的主关键词排名靠后，没有权重优势。

（2）使用相同的标题不利于转化，买家会选择已经有销量和评价的产品。

（3）系统不会推荐与已有产品使用相同标题的产品，也就是说，第一个使用这个标题的产品有优势。

第4章

市场环境、产品和竞品的
数据分析

不管卖家在拼多多卖货，还是线下开店，都面临着激烈的市场竞争。而在线上开店，一个很明显的优势就是可以用数据指导推广运营，用较小的代价获取明确且清晰的行业状况、单品潜力。

通过数据分析，卖家可以看到产品竞争的激烈程度、单品销量、评价及价格等买家非常关注的信息。在产品上架以前，这些数据是卖家做准备工作的依据；产品上架以后，优化这些数据，能让卖家的产品卖得更好，是卖家产品销量走高的希望所在。

4.1　竞争产品数据背后的密码

如果平台上的近似产品越多，竞争越大，卖家进入平台的投入费用和运营难度也就相应越多。所以，如果卖家手里有多种产品可以选择，那么就要挑选市场大、竞争小的产品；如果卖家只能卖手头现有的产品，那么就要走差异化路线。只有和其他卖家有区别，才能避免陷入拼价格的竞争中去。

4.1.1　应对产品竞争

产品竞争激烈，是指店铺多、单品多，以及销量高的产品多。卖家在这个行业想把销量做上去，就有一定的难度；反之，则比较简单。

下面就用实例来提供解决问题的方法。

以关键词"猫粮通用型"为例，笔者通过关键词搜索截取了手机前三屏10个产品的截图来做展示，按照顺序分别如图4-1、图4-2、图4-3所示。

我们从三张图中可以看到，销量超过10万件的单品出现了5个，从而可判断这个品类的竞争还是很激烈的。

图4-1　猫粮产品主图（1）

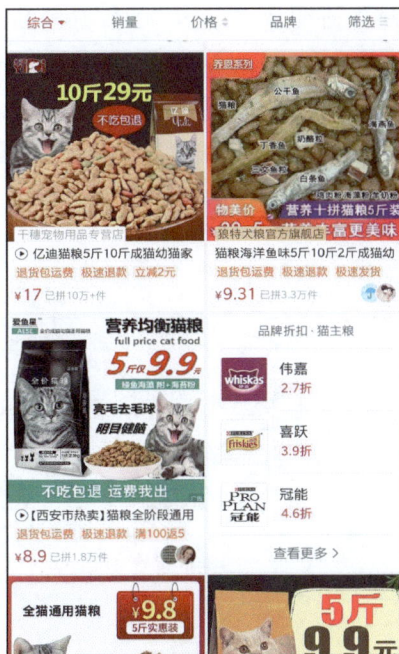

图4-2　猫粮产品主图（2）

图4-3　猫粮产品主图（3）

如果单品想要进前 10 名，我们可以从图 4-1、图 4-2、图 4-3 中看出什么信息呢？

（1）产品最低价格：5 斤 8.9 元，10 斤 17.8 元。

（2）最低销量：560 件。

（3）第 4 名价格 4.9 元，是 1 斤装的，应该是亏本赚销量。

如果新手卖家想要短时间内冲到前 10 名，明面上应达到的条件如下。

（1）价格 1 斤装不超过 4.9 元，5 斤装不超过 8.9 元，10 斤装不超过 17.8 元。

（2）销量大于 560 件。

隐性的条件如下。

（1）销量增速大于前 10 名最低单品销量。

也就是说，如果销量 560 件的这个单品是用了一个月的时间使销量达到 560 件，而新手卖家只用 25 天就达到了 560 件，那么新冲上来的这个单品会展示在它前面。

（2）进店转化率高于前 10 名最低单品转化。

也就是说，如果销量 560 件的这个单品在一个月内有 3000 个访客进店，销售 560 件，转化率是 18.66%，那么新手卖家的单品转化率只要高于 18.66%，就可以展示在它前面。

当然，这两个条件是相辅相成的，不是单个条件达到就能排到前面。

以关键词"猫除臭剂"为例，笔者截取手机搜索排名前三屏的 11 个产品来做展示，按照顺序分别如图 4-4、图 4-5、图 4-6 所示。

图4-4　猫除臭剂产品主图（1）

图4-5　猫除臭剂产品主图（2）

我们从三张图中可以看到，销量超过 10 万件的单品出现了 5 个，可见这个品类的竞争也是很激烈。

如果单品想要进前 11 名，我们可以从图 4-4、图 4-5、图 4-6 看出什么信息呢？

（1）最低价格：3.87 元。

（2）最低销量：116 件。

（3）一瓶装的 500ml，价格基本在 5.9 元左右。

如果新手卖家想要短时间内冲到前 11 名，明面上应达到的条件如下。

（1）价格1斤装不超过5.9元。

（2）销量大于116件。

隐性的条件如下。

（1）销量增速大于前11名最低单品销量。

也就是说，如果销量116件的这个单品用了一个月的时间使销量达到116件，而新手卖家只用27天就达到了116件，那么新手卖家的单品会展示在它前面。

（2）进店转化率高于前11名最低单品转化。

也就是说，如果销量116件的这个单品在一个月内有3000个访客进店，销售116件，转化率是3.86%，那么新手卖家的单品转化率只要高于3.86%，就可以展示在它前面。

图4-6　猫除臭剂产品主图（3）

从上述两个案例中，我们能得出以下结论：

第二个产品猫除臭剂的竞争，要小于第一个产品通用型猫粮的竞争。

那么，卖家自己开拼多多店铺，如何应对竞争呢？对于这个问题可以分两种情况讨论。

第一种情况，如果卖家手里只有一款产品，那就只能卖这款产品，没有其他选择。例如，卖家只有通用型猫粮，那么卖家要做的就是把价格、销量、增速、转化率等数据做好，单品就能跑到前10名。当然，单品在跑到前10名的过程中就能成交，进入前10名后成交量会更多。卖家短期内想要达到目标，例如1个月内进前10名，付出的成本会越高。如果1个月内目标是进前20名，那么付出的成本肯定小于进前10名所要付出的成本。具体成本如何计算，我们下节讲解。

第二种情况，如果卖家可以自由选择卖哪款产品，那么可以通过数据分析选择供大于求的产品，这类产品需求大，竞争小，好卖；或者选择自己熟悉的产品开店销售，自己对产品熟悉，从而自己就对这个行业的产品有透彻的了解，能发掘更多卖点和服务，卖起来比非专业卖家有优势。具体成本如何计算，下节进行讲解。

4.1.2　推广新产品时投入费用的计算方法

对于很多做拼多多的卖家来说，最关心的问题还是钱。常见的问题有以下两个：

（1）做一个拼多多店铺，我要花多少钱？

（2）我多长时间能把投入的钱赚回来？

一个产品能在拼多多上卖得好，要么产品的生产成本低，要么产品有创意，这是前提条件。

产品的生产成本低，自然可以有利润，并且能卖得便宜。而卖得便宜，才能够大卖。

产品有创意，人无我有，自然能够卖得出去。

很多卖家会说："我的产品质量很好，成本高，就是价格比较贵，能不能在拼多多上卖？"

我的回答是销量会很差，甚至惨不忍睹。当前是产能严重过剩的时代，不缺货，也不缺购物平台，缺的是超出人们心理预期的性价比极高的好货。我一再强调，拼多多提供的大部分产品是刚刚够用、刚够及格线 60 分的产品。一旦产品卖得贵，很多买家看都不看。所以，卖家的功夫要下在降低成本和提高产品创意上。

卖家搞清楚上面的前提条件，就能核算投入费用了。

一个拼多多店铺的投入费用主要包含以下几个方面。

（1）店铺装修产品设计费

如果卖家自己会设计，此项费用为零；如果卖家不会设计，就需要付费。一个产品的页面设计费用大概是 200 ～ 1000 元，其中包含产品要不要拍照、谁来上架、页面要达到什么效果、视频要不要拍摄等细节问题，所涉及的细节问题就是收费的可活动项目。收费越高，包含的服务越多。如果产品照片已经拍好，设计不包含产品上架工作、页面要求一般、不用视频，只需 200 ～ 500 元就可以完成。

拼多多店铺的装修比较简单，一般只需要有店铺头像就可以。

因此，如果一个店铺有 10 个产品，店铺装修费和产品设计费合算到一起，2000 ~ 5000 元就够了。

（2）推广费

推广分为免费推广和付费推广。

免费推广主要是为提高搜索排名而付出的费用。4.1.1 节讲过，卖家把价格、销量、增速、转化率等数据做好，单品就能跑到前 10 名（也可以设定目标为前 20 名，那样付出的推广费用少，但是流量也相应减少）。

付费推广主要是拼多多直通车，这部分的费用可以预算为一个月 500 ~ 5000 元。预算少，就少花点；预算多，就多花点。

如果我们的目标是 30 天内把单品销量做到 560 单，不管是做买一送一、3 折促销之类的活动，还是免费送给用户，只要销量能达到 560 单就可以。同时，这款产品要有不低于 10% 的评价，当然有 30% 的评价更好。

要达到这个结果，如果一单付出的费用为 10 元（产品成本 + 快递成本 + 包装成本），560 单的费用为 5600 元。那么，免费推广和付费推广的总成本就是 6100 ~ 10600 元。

（3）人工费

人工费主要是客服、推广运营专员、发货员、设计师四个岗位的薪酬。设计工作基本是一次性完成，后期不会再投入，因此设计费用后期为零。而初期客服、推广运营专员、发货员的工作，至少要两个人做。个人家庭作坊式店铺大部分是夫妻店、兄弟店，按照分工情况划分工作量，盈亏都能看得到，不存在发工资的情况。企业则至少需要三个岗位，分别是设计师、推广运营专员、发货员。新开店铺初期咨询少，客服可以由各岗位的人轮流兼任，后期一定要有专职客服。

人工费用预估 10000 ~ 20000 元。

通过上面的分析，可以预估出投入总费用。

一个上架 10 款产品的拼多多店铺冲击行业排名前 10 的位置，排名前 10 的产品中销量最低的是 560 单。

开店预估费用为 18100 ～ 35600 元，具体计算过程如下。

店铺装修设计费＋推广费＋人工费＝（2000 ～ 5000）+（6100 ～ 10600）+（10000 ～ 20000）=18100 ～ 35600（元）

4.2　不得不看的销量数据

销量是买家购物必看的数据之一。单品销量高，买家看到时自然会觉得这家竟然卖这么多了，产品应该不错，进而决定下单，增加成交转化。新手拼多多卖家要通过一定的方法逐步提高销售额，让店铺渐有起色、节节高升。

4.2.1　前10名、前20名、前30名给卖家的启示

4.1.1 节讲过，卖家如果要冲进单品前 10 名，通过数据可以知道定价多少合适，基础销量又需要达到多少才能有保障。卖家可以从页面看到这些数据，从而指导自己做好店铺运营。

卖家能看到前 10 名的销量和价格，也能看到前 20 名、前 30 名的销量和价格。因此，卖家在制定推广计划时就可以制定一个非常清晰的目标数值。第一步，超过前 30 名的最低销量；第二步，超过前 20 名的最低销量；第三步，超过前 10 名的最低销量。逐步实现增长有两方面的好处：一方面，付出从少到多，在付出的过程中就有销售收入，卖家可以用最小的代价获取最大的收入；另一方面，这种方法可以验证推广方法的正确性，如果推广的单品销量超过前 30 名的最低销量，排名却没有进入前 30 名，那么说明推广方法有问题，这时需要分析学习竞争对手的方法，把这种方法应用在自己的产品推广上，再冲击前 30 名。

经过这样的优化过程，卖家的排名就会不断前进。

卖家调整方法后再对前 20 名、前 10 名的目标发起冲击，推广工作的效率将会更高，目标实现也更有把握。当排名进入前 20 名后，随着不断成交，可能冲击前 30 名的投入费用就已经收回了；进入前 10 名后，可能冲击前 20 名的投入费用已经收回来了。这是一个不断投入、不断收获的正向循环操作，前 10 名、前 20 名、前 30 名的最低销量相当于给卖家提供了一个参照点（这是一个具体的数据），让卖家制定计划时在数据上非常具体，操作起来更有针对性。

4.2.2 个人店和企业店的区别

个人店和企业店的最大区别是在相同的情况下，企业店会比个人店拿到更多的拼多多平台资源。

个人店和企业店的不同之处有以下三方面。

（1）需求资质不一样

个人需要提供个人信息证件，包括身份证、个人照片、银行卡等。如果是食品卖家，还需要提供营业执照、食品流通许可证（或食品经营许可证）；当经营酒水时需提交《酒类流通许可证》或申明书；当卖家为生产厂家时，只需提供食品生产许可证，可以不提供食品流通许可证。

身份证原件的有效时间要大于3个月。

企业需要提供营业执照注册号、组织机构代码、纳税人识别码、统一社会信用代码、法人身份证。

（2）命名规则不一样

个人店铺的命名要求如下。

① 店铺名称不允许重复。两个以上店铺申请相同的符合规定的名称，依照申请在先原则核定，其他店铺没有权限申请已经通过审核的名称。

② 针对食品保健类目，个人店铺名称中可以出现"××地方特产（特色）店铺"字样；针对其他类目，个人店铺名称中不可以出现"特产""特色"等表述。

③ 非海淘店不能命名为××代购。

④ 未经平台许可，店名、店标、店铺详情不得使用含有"拼多多特许""拼多多授权"等字词。

⑤ 个人卖家的拼多多店铺名称禁止使用"旗舰""专卖""专营""官方""直营""官方认证""官方授权""知名品牌"等表述或内容。

企业店铺的命名要求如下。

① 店铺名称如果包含"旗舰""官方"，卖家必须上传商标注册证明，可传多张图片。

② 店铺名称如果包含"旗舰""专卖""专营"，卖家必须上传品牌授权或独占授权证明，需授权店铺从属人在拼多多经营该品牌产品。

（3）保证金不一样

个人店铺的保证金是 2000 元，企业店铺的保证金是 1000 元。这是最低要求，各行各业不一样。总体来说，企业的保证金比个人的少。

4.3 产品胜负手之评价

正所谓评价出人才，如果电商的评价也能像今日头条的评价一样精彩纷呈，恐怕电商的魅力就不仅仅是买卖东西了。

高转化率产品的"三驾马车"——评价、价格、销量，三者互相关联，互相影响，缺一不可。我们很难想象一款销量超过 10 万件的产品，只有一两百条评价，价格比前 10 名都贵；或者一款销量达到 1 万多件的产品，评价也有 1 万多条。这是不可能的，也是不可想象的。

评价可以对买家的心理产生冲击，让买家在潜移默化中认为产品好，然后下单付款。

4.3.1 从评价数量看对买家产生的效果

笔者还是以 4.1.1 节用过的实例来说明，如图 4-7、图 4-8 所示。

图4-7 猫粮产品主图（1）

图4-8 猫粮产品主图（2）

笔者之所以研究图 4-7 中价格为 4.9 元的产品、图 4-8 中价格为 17.8 元的产品，是因为前者是前 10 名中销量较高（4 个销量超过 10 万件的单品之一）的一款，后者是前 10 名中销量最少的一款。

在图 4-7 中点击 4.9 元这个产品后，进入如图 4-9 所示的页面。我们在图 4-9 中可以看到"已拼 10 万＋件""商品评价（8.7 万）"。点击"商品评价（8.7 万）"右侧的"查看全部"，进入如图 4-10 所示的页面。

图4-9 猫粮产品详情图（1）

图4-10 猫粮产品评价图（1）

我们在图 4-10 中可以看到左上角红色标签"全部（8.7 万）"后面排列了 14 个标签，对下面的 8.7 万条评价做了属性分类。当看到回头客（3612）、物美价廉（1190）、猫粮很好（1173）、味道很香（1135）等标签时，买家心里会有什么感想呢？

我们再翻看图 4-10 中买家"缘来是你"的具体评价图，从上往下划，至少有 50 个买家都是做出 3 ~ 4 行文字和 3 ~ 5 张图片的组合评价。看完这些信息，你认为转化率能低吗？

在图 4-8 中点击 17.8 元这个产品后，进入如图 4-11 所示的页面。我们在图 4-11 中能看到销量是 570 件（图 4-8 中是销量 560 件，在笔者写这本书的时候，它的销量又增加了 10 件），商品评价是 146 条。点击"商品评价（146）"右侧的"查看全部"，进入如图 4-12 所示的页面。

图4-11 猫粮产品详情图（2）

图4-12 猫粮产品评价图（2）

我们在图 4-12 中可以看到左上角红色标签"全部（146）"后面排列了 5 个标签，对下面的 146 条评价做了属性分类。买家看到有图（3）、视频（1）、追加（8）、回头客（4）时，是不是觉得产品不过如此？

再往下划，我们可以看图 4-13 里竟然有好几个差评，买家看了后心里会有什么感想？

看到图 4-13 这些评价，一定有读者觉得这个产品很差，但是它也能排到前 10 名。而初学者只要做得比它好那么一点点，就能挤掉它，排进前 10 名。

发现竞争对手的缺点，然后战胜它，新手就能在前端排名中占有一席之地。不然，后来

图4-13 猫粮产品评价图（3）

者哪有机会做生意？

看完这些，你认为运营拼多多还难吗？请深刻理解这句话：评价即宣传，宣传即营销。

4.3.2　从评价内容看买家诉求

所有评价都代表了买家对产品的认知和感受，并用文字和图片的形式表达出来。这些文字和图片就是买家对产品的投票。而卖家要做的就是从这些文字和图片中看出好在哪里，不好在哪里，以便为我所用。

我们还是以图4-10为例，从评价角度分析，看标签就能知道这是一个很成功的产品（至少看数据是如此）。这种头部卖家的评价体系过于强大，买家诉求太全面，新手卖家再怎么做都不会超过图4-14的范围。

而看看图4-12、图4-13，却有机会。作为排名前10的卖家，被买家评价"反正不怎么吃，感觉一般"，被买家追评"这个猫粮，猫咪不吃，真没用，我还买那么多，

图4-14　评价标签图

唉，真浪费""请大家千万不要购买，看着便宜，猫根本不吃，我家两只猫都不吃，退货根本不可能，运费要40元，自理29元"，你认为其产品能卖得好吗？

新手卖家要做的基本工作之一，就是根据竞争对手的评价内容，优化自己的页面和评价，具体可以从以下两个方面着手：

（1）对于竞争对手的优质评价内容，卖家要体现在自己的评价里，让买家无可挑剔；

（2）对于竞争对手的差评，卖家也要整理分类，然后努力避免，提高转化。

总之，卖家要提炼买家的诉求，然后满足诉求。

4.4 产品生死符之价格

拼多多给人的印象是价格便宜，但产品质量一般。所以，买家奔便宜而来，弃价高而去。很多时候，可能仅仅贵了一毛钱，客户就流失了。图便宜而来的客户，有忠诚度吗？

一个行业的卖家一旦先入驻拼多多，并且能做好，其在这个行业的头部优势就会非常明显。后来者想要做到前面去，将非常困难。而且，头部卖家的出货量大，生产成本肯定低，实践经验也丰富。一旦打价格战，头部卖家在生产链上的优势就决定了后来者肯定打不过。这就令后来者很难受：做，还是不做？打，还是不打？不打，丢失市场；打，正面竞争付出太多，没有优势，得不偿失。但是，市场竞争无处不在，卖家是退无可退的。这里丢一点，那里丢一片，产生怯战之心，生意就做不成了。所以，卖家还是要进攻开打，而且是顶着价格前行。

价格竞争的方法论：打破价格正面对比的可能性，走差异化路线，让人无从比价。

这种定价思路一直会贯穿全书，所有电商的精髓（或许是整个做生意的精髓）就是侧翼进攻，打差异化。

4.4.1 让人又爱又恨的价格大战

如果我们是头部卖家，由于出货量大，成本相应较低，就可以定低价，一直保持头部卖家的优势；如果我们是新手卖家，则前期可以做一些补贴性推广，让单品单款的销量评价排名都上去，然后运用单产品亏损引流、多产品销售赚取利润的方法，将排名做到前面去。

可以说，买家没有一分钱的忠诚！所以，市场才上演了那么多的价格战，京东战苏宁、京东战当当、京东战天猫、美的战格力。在这个产能严重过剩的时代，购物渠道从来没有像现在这样丰富便捷，因此便宜就是王道。这就是价格的威力！

不打价格战怎么可能？有的平台越打价格战越强大，如京东；有的行业老大和老二打架，结果老三死了，例如，可口可乐 PK 百事可乐，非常可乐消失了。

不过，这些事情都是消费者最终受惠。你说消费者能不爱吗？

不过，这些事情要企业付出极大的成本。你说企业能不恨吗？

4.4.2　有迹可循的定价理论

作为卖家，要跳出价格大战的怪圈，就要做到产品和别人不一样。具体而言，卖家可以从两个方面展示自己产品的与众不同之处，迅速跳出同类产品竞争时的正面对抗。

（1）重新设计价格分层

笔者还是用实例来说话，然后给出结论。我们看两个竞品，如图4-15、图4-16所示。

图4-15　猫粮产品主图（1）

图4-16　猫粮产品主图（2）

我们随机选取图4-15中的第1个产品、图4-16中的第2个产品来做分析，点击进入页面。

在图4-17中，我们能看到这个产品的价格分层清晰，从低到高全覆盖，标题明确、清楚、有吸引力。图 4-18 中的产品只有两个重量可选，价格和产品选择的余地太少，买家很难留住。

图4-17　产品套餐页面截图（1）　　　图4-18　产品套餐页面截图（2）

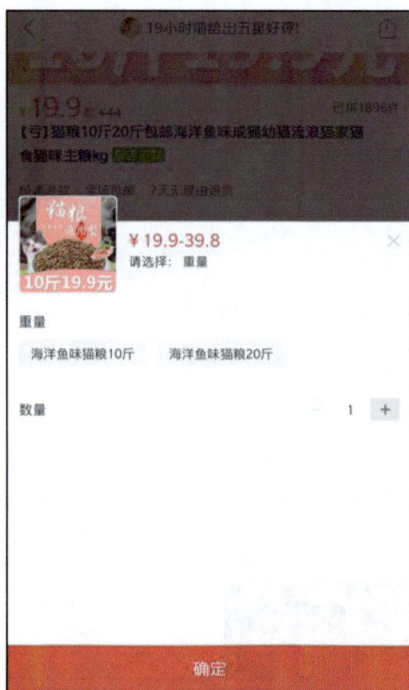

图 4-17 的产品从 9.9 元的引流款到 56.9 元的利润款，9 种套餐全面覆盖了各个价位段，让所有进店的访客都有选择的套餐，能够最大程度地利用好流量。图 4-18 则做得很不好，根本没有竞争性。

图 4-17 的产品销量已经很高了，价格分层也做得很好。那么，如果卖家也要卖相似的产品，如何做才有活路呢？

在图 4-19、图 4-20 中，5 斤仅 9.9 元的这个产品，销量已经超过 10 万件。我们用这个产品分析一下，看如何差异化竞争，如何操盘。

对于图 4-21，前文已经分析过。图 4-22 通过差异化竞争，走出了图 4-18 所示产品的竞争困境。我们可以看到，对标图 4-21，图 4-22 有以下不一样的地方。

① 价格更多，从 8.9 元到 29.9 元都有，共 15 种组合。图 4-21 只有 9 种价格，而且图 4-22 竟然出现了一款 8.9 元的产品，比图 4-21 中最低价格那一款便宜了惊人的 1 元钱。

图4-19　猫粮产品主图

图4-20　产品详情图

图4-21　产品套餐页面截图（3）

图4-22　产品套餐页面截图（4）

② 买家套餐式选择产品更便利，选择面更广。

③采取差异化竞争，调整产品组合，让买家无从比价。

通过这三点，相同的产品产生了不一样的效果。图4-22的产品不用和头部卖家正面竞争，保证了新品也能拥有优势，有竞争力。结论如表4-1所示。

表4-1　价格分层与设计

价格分层表			
价格分层	低价	中价	高价
特点	比同行低或与同行持平	需要设计	需要设计
利润	不赚或亏钱	略微赚钱	利润款
价格设计表			
价格设计体现的意思			
1	搭配组合，使价格没有可比性		
2	相同产品（组合），换一种更好听的说法		

（2）重新梳理价值链

通过加减乘除调整价值链结构，进而影响成本链。调整成本，重新定价。笔者建议读者可以阅读《蓝海战略》这本书，了解具体的方法思路。

第5章

拼多多优秀运营的核心技能：推广技术

前面的每一个知识点，都是为了这一章的应用实践。我们仓库里的货，也是要通过这一章卖出第一单。

知行合一不仅存在于书中，也存在于我们的心中。所有做拼多多运营的小伙伴都既要目光远大，又要脚踏实地。起飞，让我们从这一章开始。

5.1　打好扎实的基本功

$$0.99^{365}=0.02551796445229$$

$$1.01^{365}=37.78343433289$$

这是两个非常有名的数学算式，0.99 和 1.01 分别 365 次方，得出了以上结果。本来 0.99 和 1.01 是差别很小的两个数字，但是 1.01 经过 365 次改变，其结果是 0.99 经过 365 次改变后的结果的 1480 倍。

如果我们在做拼多多店铺的基础工作时能把每个细节都做得比竞争对手好一点点，那么几十个细节优化下来（众多细节加成）将会比很多竞争对手做得好。简单的事情重复做，重复的事情用心做，对于运营拼多多店铺的卖家来说再合适不过了。

5.1.1　遵守拼多多的规则

我们既然在拼多多平台做生意，就要遵守平台的规则。什么叫规则？笔者出 6 道简单的题，供读者思考。

（1）拼多多默认的发货时间是多长？

（2）拼多多不支持哪种支付方式？

（3）什么是延迟发货？

（4）单笔订单延迟发货的罚款金额是多少？

（5）拼多多对虚假发货的定义是什么？

（6）首条物流信息出现后，转运时间间隔，普通地区超过（　）小时，偏远地区超过（　）小时，极偏远地区超过（　）小时，会被定义为虚假发货。

这些都涉及规则，正确答案如下。

（1）48 小时。

（2）货到付款。

（3）成团后超过48小时。

（4）3元。

（5）后台上传物流单号后超24小时没有物流信息会被判定为虚假发货。

（6）48、72、120。

对于这些规则（还有很多），拼多多平台会在卖家开店时做成考试题让卖家做。走一遍过程，就会对规则有一定的了解。到真正销售产品的时候，如果延迟发货10单就要扣30元，延迟发货1000单就要扣3000元，一分不少。这就是违规的结果。很多新店卖家都吃过延迟发货或被判虚假发货导致罚款的亏。不管是谁，只要被罚过一次就会记住，后面客户服务都会做得相当好。

这都是明面上的违规，还有隐藏的违规。例如，客服回复要在5分钟之内完成，不是系统回复，而是有效回复。平台每天都会对店铺进行回复率考核，如果不达标，就会有相应的处罚。

卖家和买家在私聊的过程中发微信号，让添加微信，也是违规行为。这些违规行为轻则警告、降权，重则罚款、关店、提高保证金至10万元。

说完"重规则"（卖家只要心不贪，实践一下完全可以避免），笔者说说"轻规则"。

为了把产品卖出去，卖家会添加很多吸引人的文案，有的添加在主图上，有的添加在标题里，还有的会添加在详情页中。那么，哪些文案可以加，哪些不可以加？如果不添加，会不会降低点击率、转化率？如果添加了，会不会触犯描述不符、虚假宣传、绝对化用语的规定？如何避免？

笔者教给大家一种方法，就是直接在拼多多搜索"猫粮"这个词，看看同类目产品有没有用这个词。如果有，就放心大胆地用；如果没有，就不用吗？先看看狗粮等其他行业有没有产品用，或者淘宝、天猫、京东有没有产品用，大家都没有用，那就不要用了。如果有产品用，那就分析一下，然后决定自己的产品是不是一定要用。这样就安全了。

凡是符合正常交易行为的词，大家都可以大胆放心地使用。但是，如果涉及违规，大家就需要调整策略，避免损失。毕竟，我们是在一个规范的平台上做生意。

5.1.2　超出拼多多的要求

在上学的时候，如果老师要求写 500 字的作文，你写了 600 字，老师会夸赞你；如果写了 1000 字，老师会狠狠地夸赞你。同样，在拼多多平台，只要做出超越平台要求的高质量的工作，拼多多会给你很多大大的惊喜。

我们把所有能看到的工作量化，用量化后的具体数值来说明什么叫超出要求的高质量工作。

（1）主图。主图可以放 10 张图片，有的卖家放 3 张，有的放 5 张，我们放 10 张。相比其他卖家，我们的主图做得比他们好，我们就有了优势，系统加分。

（2）标题。标题最多写 30 个字，有些产品的标题写了 15 个字，有些产品的标题写了 25 个字，我们的标题写了 30 个字。相比同行，我们的标题更有优势，系统加分。

（3）详情页。我们做出形式更美观、内容更丰富的详情页，系统加分。

（4）主图有视频，系统加分。

（5）评价晒图。评价文字比其他卖家更多，晒图也更多，系统加分。

（6）卖家客服答疑。回复速度越快，能解决客户的问题，系统加分。

（7）服务承诺。承诺的事情能兑现，系统加分。

（8）领券。有券可领取，系统加分。

这些可量化的工作只要比同行做得好那么一点点，我们就可以轻松超越。

看到这里，可能有读者会说：“老师，同行那么多，我究竟是比哪个竞争对手好啊？你这话说得太模糊了，难以执行操作啊！”

笔者在这里有两点要说明。

第一，当我们是新店时，就看同行排名靠前的单品销量。如果同行排名靠前的单品销量在 50000 件以上，我们应该怎么做？如果直接以 50000 件以上的单品为竞争对手，难度就太大了。我们退一步，以销量在 1000 ~ 3000 件的单品为锚点，将超越它设定为第一个目标。那么，要求就很简单了，就是每个细节都做得比它好。当销量到 3000 ~ 4000 件时，我们就以超越 8000 件为目标。这种阶梯式超越竞争对手的思路是不是目标很清晰，而且执行起来特别容易呢？

第二，卖家一定要有前向思维的意识，并且养成习惯。我们做这个动作，往后想，为什么做这个动作？往前想，这个动作能带来什么？这样思维经过有意识的锻炼后，我们对做拼多多的每个细节就会形成很深刻的认识；经过几次实践，我们对运营推广的前后关系、逻辑顺序、思维导向、开始结束就都掌握了。

为什么打乒乓球时，刘国梁一拍子抽过去，孔令辉眼睛不眨一下就反抽回来了？在毫秒之间，孔令辉有思考的时间吗？根本没有。那么，他是怎么做到准确无误地反击的呢？答案就是大量、反复、有效率地练习，时间长了，就成为习惯了。

几乎所有对抗性的运动，都需要经过长期大量、反复、有效率的练习，形成稳定的无懈可击的习惯。

凌晨 4 点的洛杉矶街景，谁见过？

科比·布莱恩特。

这是他勤奋的最好证明，勤奋成就了他的伟大。

同样，卖家在拼多多上开店，做得比别人更好，超出拼多多的要求，超出自己的要求，就能取得很好的成绩。

5.2　后台设置的注意点

本节所讲的内容，从全书来讲并不是最重要的，但是忽略了本节，你将不会成为优秀的卖家。

很多卖家在拼多多开店成功后，最急迫的事情是上架卖货。可是，这样似乎还欠点火候，因为店铺名称、Logo、店铺介绍、发货地址、快递模板、优惠券都没有设置。能提前做好这些，才是一个合格的拼多多运营人。

5.2.1　细节决定成败

开店成功后，有哪些事情是卖家必须要做的？

如果不理解什么是"卖家必须要做的"，可以反过来想一下：卖家做哪些事情，拼多多喜欢；做哪些事情，拼多多不喜欢？

如果卖家什么都不做，是不是拼多多不喜欢？

当然！

而如果卖家把拼多多后台的"店铺管理""商品管理""售后管理""发货管理""店铺营销""多多客服""多多进宝""推广中心"等模块，该填写的都填写好，是不是很讨拼多多的欢心？请牢记比别人多用心定律。

下面分模块进行说明。

登录拼多多后台，卖家在后台左侧能看到不同的模块。

（1）店铺管理

后台左侧靠下位置，找到"店铺管理"模块，如图 5-1 中红框所示部分，发现"店铺管理"模块下有 6 个菜单，分别是"店铺信息""子账号管理""图片空间""违规信息""退店"及"订单申诉"。由于"店铺管理"模块下的这 6 个菜单都比较重要，笔者将会逐个介绍；而后面的其他模块，笔者会只挑选重要的介绍，在这里特此说明。"店铺管理"模块右边的小箭头朝下时表示菜单打开，朝右时表示在菜单隐藏。

图5-1　"店铺管理"模块

点击"店铺信息"，可以看到其下面有 4 个模块，如图 5-2 所示。点击"基本信息"（变成蓝色），填写相应的信息。

尤其是图 5-3 中红框里箭头所指的位置（带红星）必须填写。卖家上传的图片必须遵守拼多多平台要求的尺寸和大小。填写文字时，字数越多越好。

再看图 5-4，"主体信息"（红框蓝色字体）如果要求必填时，卖家一定要填写；如果不要求必填，卖家自己决定是否填写。

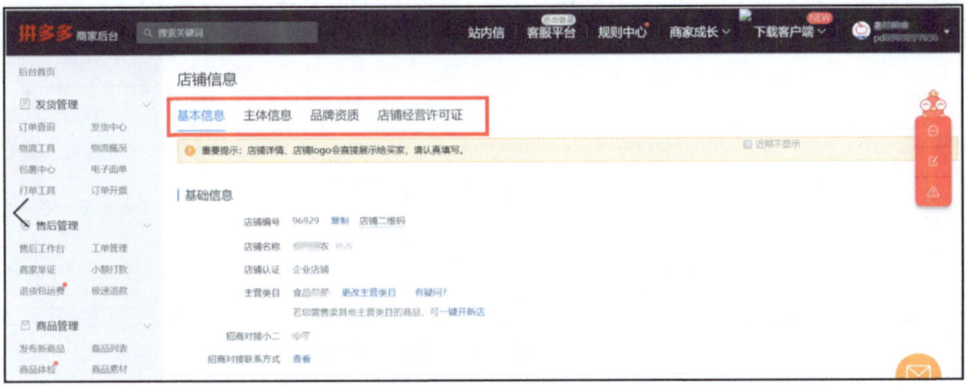

图5-2　店铺"基本信息"模块（1）

"品牌资质"模块如图5-5所示。如果有品牌，点击"新增商标"；如果没有商标，则不用填写。但是，没有自主商标或被商标授权，却卖有商标的产品，这属于违规行为，后果将很严重！

图5-3　店铺"基本信息"模块（2）

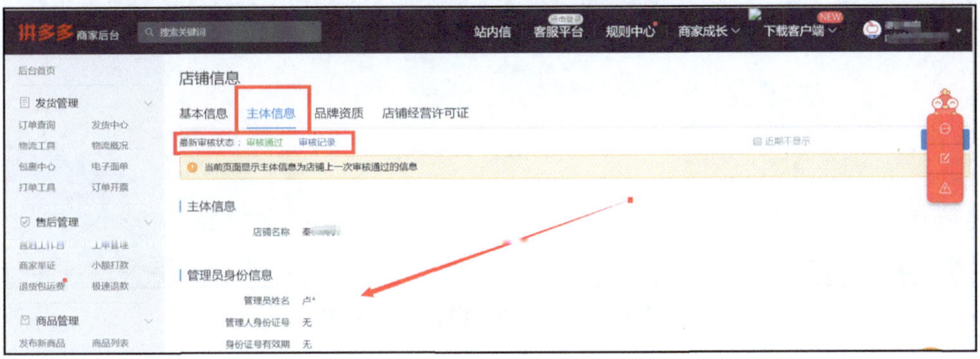

图5-4　店铺"主体信息"模块

图5-5　店铺"品牌资质"模块

"店铺经营许可证"模块如图 5-6 所示。由于这个店铺销售的是食品，所以卖家必须上传食品经营许可证（强制性）。不同行业的要求不一样，强制的就必须上传。

图5-6　"店铺经营许可证"模块

再看第二个菜单"子账号管理"，从右边红框蓝色部分添加子账号，如图 5-7 所示。

图5-7　店铺"子账号管理"菜单

如果店铺是由一两个人做（夫妻店、兄弟店），只需要一个账号就可以，这样管理起来方便且简单。如果是 2 个人以上的店铺，按照功能就要分为运营店长、美工、客服、发货员等职能岗位，每个人都会用到后台。为了防止后台管理混乱，子账号完美地解决了各司其职的问题。

美工、客服、发货员都只能用到自己所需要的功能部分，用自己的子账号登录拼多多后台。至于和自己工作无关的菜单，有的看不见，有的改不成。

第三个菜单"图片空间"是卖家使用频率最高的菜单之一，如图 5-8 所示。

关于图片空间，笔者要说的只有两个问题，分别是给图片起名和有序地存放图片。初学者最容易犯的毛病就是随便上传图片，能用的、不能用的图片塞了满满一屏幕。当图片很多时，你在里面找一张所需图片而找不到的时候，图片空间会让你欲哭无泪，这种感觉就像你 U 盘里保管的项目文件突然丢失而你要花一个星期的时间重做一遍一样。

图5-8　店铺"图片空间"菜单

接下来，笔者讲述避免这些问题的办法。

点击"图片空间"后，见图 5-8，注意红色箭头和红框位置。卖家在图片空间放图片，要学会分门别类。

一个店铺的通用文件分为首页图、产品图。图 5-8 中，我们在第一个红箭头处点击"添加分组"，也就是新建文件夹。新建的文件夹一个命名为首页，另一个命名为产品。首页文件夹里只放关于首页的图片和视频；产品文件夹里只放关于产品一、产品二、产品三等产品的图片。产品一文件夹里又分为两个文件夹，一个命名为主图，另一个命名为详情页；产品二、产品三文件夹的设置方法与此相同。主图文件夹里只放主图和视频，详情页文件夹里只放切片后的产品详情。

命名文件夹的方法举例如下。

文件夹"产品—猫粮进口"内有两个子文件夹，分别是"主图"和"详情页"。

"主图"文件夹内的图片1、图片2、图片3分别命名为"主图1猫粮进口""主图2猫粮进口""主图3猫粮进口"，以此类推。如果是视频，则命名"视频1猫粮进口""视频2猫粮进口"。

"详情页"文件夹内，图片就按照详情页切片好的文件命名直接上传即可。

如果后续有修改过的图片需要命名，卖家可以在图片前面写上时间再上传。

产品二和产品一的命名一样，如命名为"产品二猫粮国产"。这样分类就非常清楚了，卖家想找的图片或视频很快就能找到。

第四个菜单"违规信息"，如图5-9所示。

图5-9　店铺"违规信息"菜单

违规信息分为四部分，分别是店铺违规管理、店铺限制、商品限制、直播违规。卖家要做的是一旦出现违规，就要及时申诉。不然，违规导致的处罚会让店铺没有流量，生意暴跌。

图5-9中的两个箭头指向是两个违规信息的通知，一个是知产侵权通知，另一个是刷单套券通知。大部分卖家遇到的违规有两种，一种是忘记上传证件，另一种是明知故犯。忘记上传证件时，卖家可以在图5-9中第三个红框右边点击相应的申诉（蓝字）操作，进去上传证件。只要证件没有问题，申诉即可解除。

但是，如果属于明知故犯，申诉通过的概率就会小得多。

第五个菜单"退店"，就是不想开店后申请退还保证金，清算资金，不在拼多多卖货了。

第六个菜单"订单申诉"是对卖家的保护措施，如图5-10所示。

图5-10 异常订单申诉页面

异常订单申诉包括两种情况，一种是异常订单不发货，另一种是恶意投诉解罚。这两种情况都是非正常买家含有恶意动机产生的订单。针对这种情况，卖家通过向平台申诉，可以避免买家恶意下单后受平台处罚而遭受损失。这个菜单告诉卖家，如果利益受到损害了，有苦不用往肚子里咽，也不必心慌，直接申诉就可以了，有平台给你撑腰。

（2）发货管理

"发货管理"是拼多多后台左侧第一个模块，也是卖家在运营拼多多店铺时使用最频繁的模块之一。"发货管理"模块下有8个菜单，笔者只讲"物流工具"菜单。其他7个菜单，读者点击进去操作一下就能明白其功能。

点击"物流工具"后有3个功能设置，分别是"运费模板""地址管理"及"加运费发顺丰模板"。

如图5-11所示，在"运费模板"功能下可以设置不同的运费计划，卖家可以对不同的产品采用不同的运费收费方式。对于单价便宜的产品，卖家可以设置买家付邮费。对于单价高的产品，卖家可以设置卖家包邮。此外，卖家可以设置按件收费，也可以设置按重量收费，或者针对不同的地区设置不同的收费方式。总之，任何产品都有一个适合其具体情况的运费设置方式。

在"地址管理"功能下有电子面单发货地址、在线下单发货地址、退货地址。其中必填的是电子面单发货地址和退货地址。电子面单发货地址如图 5-12 所示。退货地址如图 5-13 所示。读者可以看到图 5-12 和图 5-13 中已经填写的信息。

图5-11　"运费模板"功能

图5-12　"地址管理"功能

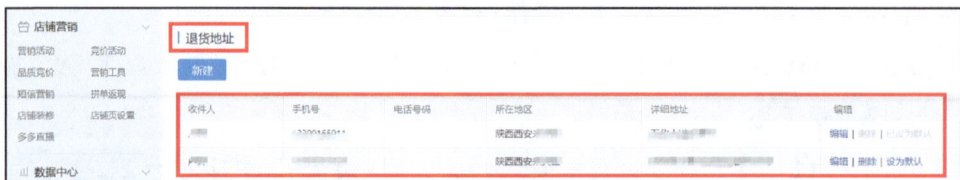

图5-13　"退货地址"示例

（3）售后管理

"售后管理"模块在"发货管理"模块下方，如图 5-14 所示。这是出单以后经常会使用的模块。

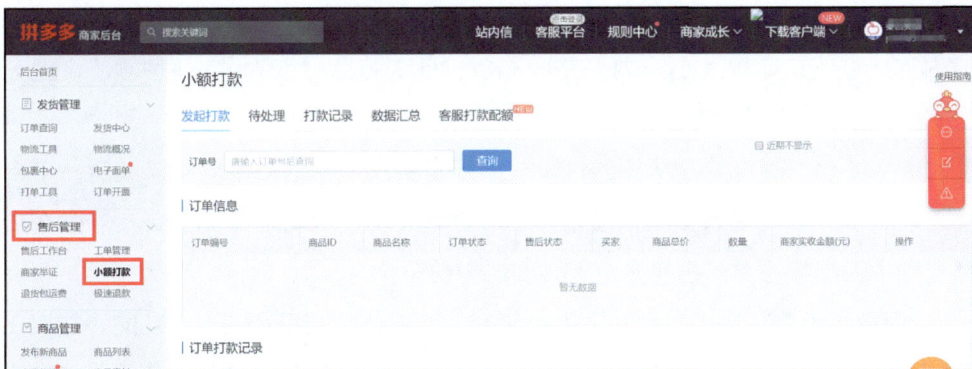

图5-14 "小额打款"功能

"售后管理"模块有 6 个菜单，笔者只讲"小额打款""退货包运费""极速退款"这 3 个卖家经常需要使用的菜单。其他 3 个菜单，请读者在后续的实践中自己体验。

拼多多的"小额打款"功能可以解决什么问题？

① "小额打款"功能是为了解决拼多多卖家与买家交易时产生的一些小额交易纠纷，主要是售后问题处理，包括买家商品退货中的邮费、商品补差价等。

② "小额打款"功能严禁用于消费者的退款，仅仅适用于退运费、补差价等小额交易，而买家的退款处理需通过平台正规的售后渠道来处理。

③ 未成团的订单无法使用"小额打款"功能，而且该功能只在成团 3 个月内有效，逾期自动关闭。

④ 每个订单只能使用一次"小额打款"功能，而且每个商家每天小额打款的额度只有 5000 元。

"小额打款"功能如何使用？

① 填写打款信息。选择打款类型，如退运费、补差价或其他方面；填写打款金额及打款的原因，给买家留言。注意，打款类型、金额、原因这三项必填，否则无法进行下一步。

② 填写打款信息后点击"确认"。如果可通过"货款余额"支付，货款即可打入消费者的支付账户，一般打款成功之后会即时或延迟几分钟到账。

③ 如果无法通过"货款余额"支付，可以选择支付宝或微信扫码支付。支付成功后，买家一般会在 1 小时内收到货款。

④ 当该订单需要扫码进行充值时，如果它处于待充值状态，卖家需要在 1 小时内完成充值；如果 1 小时内未完成充值，此次打款会变为"充值失败"，就无法完成打款，需要重新发起打款。

拼多多"小额打款"功能的设立，满足了买卖双方的交易需求。同时，平台也为防止卖家私下联系买家，通过"小额打款"功能成功地避免了买卖双方在交易过程中因小额补偿问题而产生不必要的纠纷。

"退货包运费"是拼多多为了优化买家的购物体验而设计的一个功能，并且在标题下的服务说明里显示出来，如图 5-15 所示。这个功能开通即可使用，能有效提高订单的转化率，但条件是对卖家交易的每单都要收取 0.1 ～ 0.4 元的服务费用。

图5-15　"退货包运费"功能

"极速退款"也是拼多多为了优化买家的购物体验而设计的一个功能，如图 5-16 所示。该功能开通即可用，拼单成功 6 小时内的待发货状态下，提交退款申请将立即退款。

图5-16　"极速退款"功能

（4）店铺营销

"店铺营销"模块里，笔者只讲"店铺装修"菜单，如图 5-17 所示。"店铺装修"是卖家开店后肯定要用的模块。卖家要注意的是，店铺装修是一个技术活，有设计能力，就做得美观实用；没有设计能力，放一些高清美照和卖点文案也是可以的。这里，笔者给卖家一个温馨提示：店铺装修的目的是为了美观实用，买家看了后对产品感兴趣以利于产品转化，并不是为了追求漂亮的页面而做得很漂亮，那样没有实用性。

图 5-17 是拼多多店铺装修示意图，卖家可以用平台推荐的模板，也可以自己设计，选用一种适合自己的方式即可。

图5-17 "店铺装修"模块

（5）多多客服

"多多客服"也是卖家使用得最频繁的模块之一，其提供了 6 个菜单，卖家主要用到的是"消息设置"和"客服工具"，如图 5-18 所示。

"消息设置"菜单提供了 4 种功能，分别是开场白和常见问题、商品卡片自动回复、离线自动回复、订单自动回复，如图 5-19 所示。

看到这 4 种功能，我们就会发现，从用户体验的角度来说，拼多多是多么用心。拼多多在用户体验方面做了很多努力，笔者认为拼多多的用户体验是高于淘宝、天猫、京东的。

"开场白和常见问题"的设置如图 5-19 所示，其中开场白文案如箭头所示。

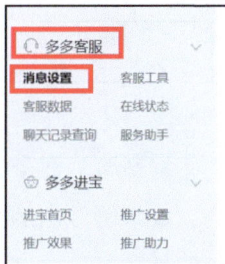

图5-18 "多多客服"模块

图5-19　"消息设置"菜单

当然，卖家可以设置更符合自己产品气质的开场白。其要么令人眼前一亮，要么让人听起来心情舒畅，总之，不让买家反感就行。

常见问题示例如图5-20所示，点击红色箭头处，添加自定义问题，添加的问题会在买家咨询时在开场白下面显示出来（蓝色字体，点击后就跳转到相应的问题）。

图5-20中的4个问题，"优惠吗""×××怎么吃""发什么快递""什么时候发货从哪里发货"，都有了相应的回答。这些回答的页面仅仅是给卖家展示一些实例，卖家看了以后也能以此为例设计自己店铺的常见问题回答。

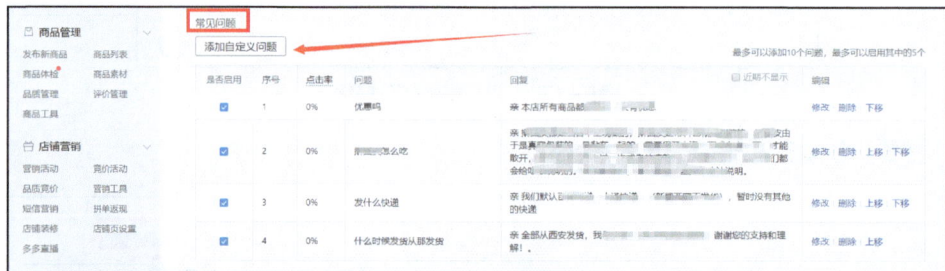

图5-20　常见问题示例

本书展示许多示例的目的是给卖家一个很好的参考，通过修改、优化这些示例，卖家能做出适合自己店铺的内容。给卖家一个真实可见的示例，让卖家不至于无从下手，这是本书的一大特色。大部分卖家读到文字内容时，总是一知半解。而当我们提供图文并述的方式时，卖家能看到、能模仿、能优化、能实践，就会立刻茅塞顿开，直接实践运用了。笔者希望自己的这些想法能被卖家读者理解。

"商品卡片自动回复"的作用是在买家咨询商品时自动弹出一句话，让买家感觉到好像有客服迅速回应一样，从而提高用户体验。其提供了两种功能，一种是自动回复文案，另一种是自动回复商品常见问题，如图 5-21 所示。

图5-21 商品卡片自动回复

图 5-21 中每两个产品都用了一段自动回复文案，前两个产品的自动回复文字少一点，后两个产品的自动回复文字多一点。一个自动回复可以绑定店内的所有产品，也可以是任意个数的产品。卖家可以根据情况自己设置自动回复，如果需要对产品加以说明（提高咨询转化），就多回复产品特性、卖点、售后服务；如果不需要说明，一句话简单回复即可。

"离线自动回复"是用于客服离线时应对买家的咨询，其设置及文案示范如图 5-22 所示。

图5-22 离线自动回复

"订单自动回复"的设置如图 5-23 所示。根据订单的不同状态，设置订单的一级回复和二级回复。在订单未发货、未申请售后的状态下，卖家应该如何设置"一级回复_文字""一级回复_操作"和"操作对应二级回复"，图 5-23 做了详细的示范，卖家读者可以直接学习。

图5-23　订单自动回复

"客服工具"菜单提供了5种功能，分别是催付助手、分流设置、团队话术设置、禁用词设置及客服二维码，如图5-24所示。

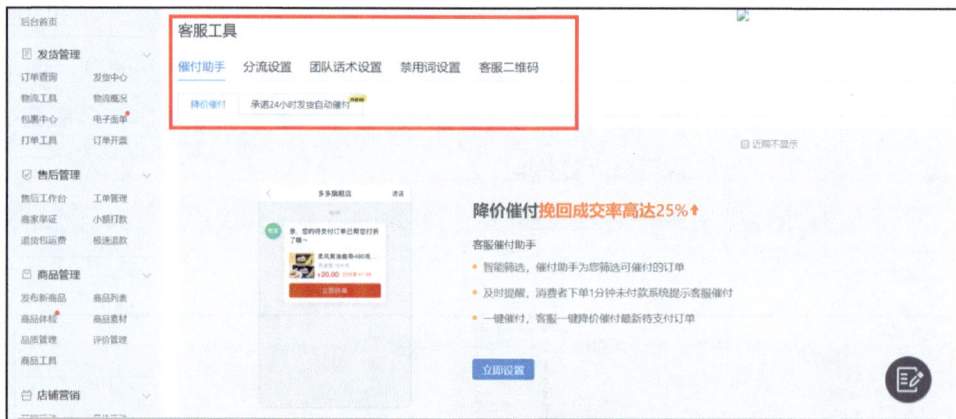

图5-24　"客服工具"菜单

催付助手是为了提高有意向购买产品的买家转化的一款工具，通过降价催付和承诺24小时发货催付，达到买家付款的目的，从而有效提高订单转化率。

我们举例说明降价催付。如果买家拍下产品未付款，催付助手可以设置下单立减5%（具体数值由卖家根据自己的产品设定），那么给买家发下单优惠提示信息，在一定程度上可以提高买家付款的积极性。图5-24中，降价催付可以挽回的成交率高达25%。

举例说明承诺24小时发货自动催付。如果买家拍下产品未付款，这个功能可以设置买家拍下后2小时（具体数值由卖家根据自己的发货情况设定）未付款，催付助手承诺24小时发货催付，这同样提高了买家付款的积极性。

分流设置可以让买家的咨询流向不同客服，防止单个客服因接受咨询过多而忙不过来。对于团队话术设置、禁用词设置、客服二维码，卖家读者可以到后台自己操作实践，学习一遍即会，笔者在此不做过多说明。

这一节的内容并不难懂，但有些卖家容易忽视。因此，笔者对常用模块做了手把手式的实操演练。它山之石，可以攻玉。在这种手把手的教学方式下，卖家读者边看书，边做自己的拼多多，一定可以迅速掌握并提升开店运营技能。

5.2.2　都是粗心大意惹的祸

前面笔者讲的这些运营工作，都是在拼多多平台的规则之下展开的。上一节中笔者说过，拼多多或许是用户体验做得比淘宝、天猫、京东要好的平台。这或许可以从接下来笔者要讲的拼多多规则处罚力度上看出许多端倪。

不管是传统企业入驻拼多多，还是新人学习拼多多开店，有意无意间总是会忽视拼多多的通知和提醒，甚至无视平台规则。卖家违反平台规则，和拼多多对着干，轻则被警告降权，重则被禁售罚款，直至终止合作，清退关店，如图5-25所示。

下面是卖家经常遇到的一些实例，我们可以看看它的违规行为和处罚结果，以此为戒，少犯错误，少走弯路。

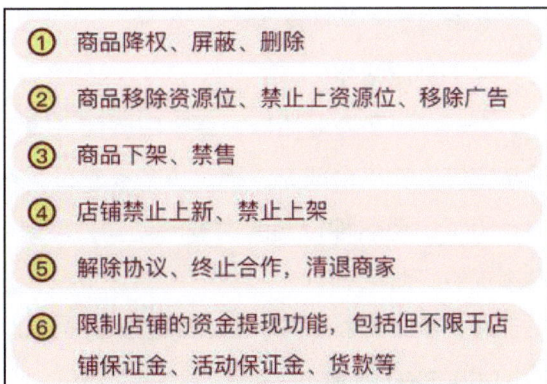

① 商品降权、屏蔽、删除
② 商品移除资源位、禁止上资源位、移除广告
③ 商品下架、禁售
④ 店铺禁止上新、禁止上架
⑤ 解除协议、终止合作，清退商家
⑥ 限制店铺的资金提现功能，包括但不限于店铺保证金、活动保证金、货款等

图5-25　拼多多对卖家违规行为的处罚

（1）辱骂消费者

这种情况往往发生在买家经过几个小时的咨询并表达非常强烈的购物意向后终于争取到卖家给予前所未有的优惠措施，结果买家放弃成交时。卖家（老板）在盛怒之下对买家展开了一系列的言语攻击。

拼多多平台对出现这种行为的卖家给予的处罚一般是罚款100元，直接赔付给消费者。

　　启示：卖家要保持良好的心态，不要和买家生气。

（2）延迟发货和虚假发货

买家下单后 48 小时之内，卖家必须上传物流单号，并点击发货。卖家上传单号后第一个 24 小时内，买家要能够在物流官网查询到订单的揽件信息。第二个 24 小时内，买家要能够在物流官网查看到中转站信息。任一环节未达要求，卖家都会被判处延迟发货或虚假发货。

拼多多平台对出现这种行为的卖家给予的处罚一般是罚款 3 ~ 10 元不等。

一般来说，卖家会在什么时候延迟发货？卖家在一天十几、几十单的情况下是不可能出现延迟发货的，一个人就能处理完。只有在做活动、突然爆单的情况下，卖家一天要处理几千单，而库房货物、包装盒紧缺，就只能延迟发货。这样延迟的结果就是一次性罚款数千元甚至上万元。

启示： 第一，卖家要找到靠谱的物流公司发货；第二，卖家要规划好营销和生产供货的节奏。

（3）售假

在拼多多平台审核或消费者举报的情况下，如果发现卖家出售的是假货，那么卖家会收到涉嫌出售假货的通知，这种是可以申诉的。申诉未果时，卖家就会收到一张金额是售假累计销售量 10 倍的罚单。

启示： 卖家要坚决不卖假货。

（4）引流站外

卖家在拼多多对话框给买家留微信、淘宝之类的联系方式，引导买家到微信或淘宝等其他平台成交，绕过拼多多支付。对于这种行为，拼多多是坚决不允许的，给予出现这种行为的卖家的处罚力度会非常大，例如，罚款 10 万元（具体金额视情况而定）。

启示： 卖家不要引导买家绕过拼多多到其他平台交易。

（5）SKU 违规

拼多多发布产品时需要填写 SKU，SKU 是库存量单位。这是产品的销售属性集合，供买家在下单时选择，可以是规格、颜色、尺码等搭配选择后的一个结果。所以，卖家一定要准确填写这个信息，不然会带来比较严重的后果。

那么，怎样计算 SKU 呢？例如，卖家出售一双拖鞋，颜色分白色和黑色两种，尺码分 41 码和 42 码两种，那么共有 4 个 SKU。

SKU 的违规主要在产品内容和产品价格上，如图 5-26 所示，这些都是卖家很容易想到积极操作却不知道已经违规的情况。

下面笔者讲述几种常见的拼多多发布 SKU 违规商品的案例，看看这些案例中的做法将会对卖家产生什么影响。

第一问：我在同一商品链接下既发布了一双拖鞋价格 6.9 元，为了让利消费者又发布了两双拖鞋优惠装 11.9 元，这样的情况属于不合理价格带吗？

① SKU的内容

编辑的SKU内容必须与发布的商品属性有直接关联。比如设置了"颜色"，就必须在该规格下设置颜色的名称，并且上传对应颜色的商品实物图片。如果在SKU内容中出现与商品无关的信息，属于SKU违规，如"买贵补差价"

② SKU的价格

同一商品链接下的SKU，如果不同规格的对应价格不同，则最低价和最高价的价格差不可过大

图5-26　SKU内容价格说明

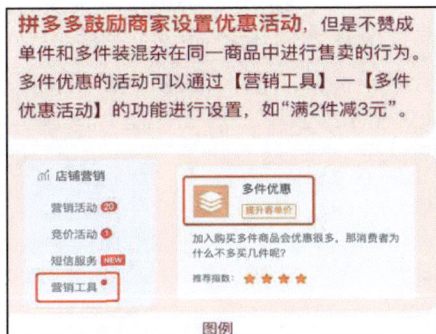

答：是属于不合理价格带，请参照图 5-27 所示的规定。

第二问：可以将单件和套装放在一个上链接的不同 SKU 中进行售卖吗？

答：不可以，因为这种情况会导致 SKU 价格存在较大差异，涉嫌 SKU 违规，请参照图 5-28 所示的规定。

第三问：样品或试用装与正常商品在同一商品链接中发布，属于 SKU 违规吗？

答：属于 SKU 违规，请参照图 5-29 所示的规定。

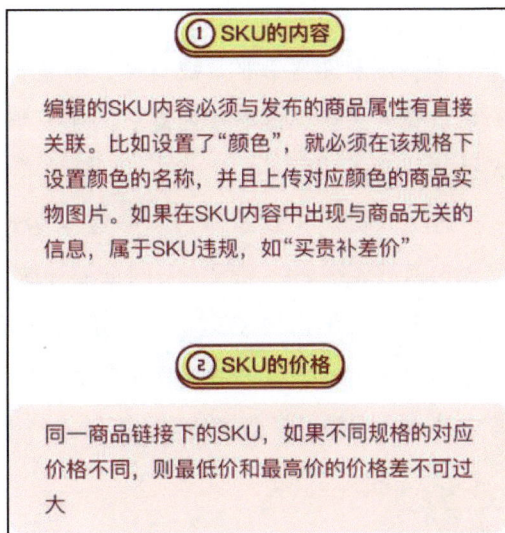

拼多多鼓励商家设置优惠活动，但是不赞成单件和多件装混杂在同一商品中进行售卖的行为。多件优惠的活动可以通过【营销工具】—【多件优惠活动】的功能进行设置，如"满2件减3元"。

图5-27　多件优惠说明

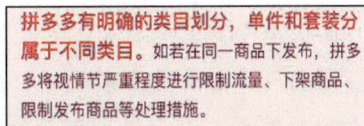

拼多多有明确的类目划分，单件和套装分属于不同类目。如若在同一商品下发布，拼多多将视情节严重程度进行限制流量、下架商品、限制发布商品等处理措施。

图5-28　单件套装说明

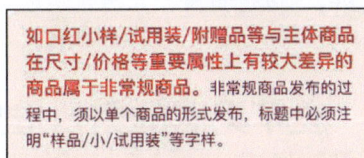

如口红小样/试用装/附赠品等与主体商品在尺寸/价格等重要属性上有较大差异的商品属于非常规商品。非常规商品发布的过程中，须以单个商品的形式发布，标题中必须注明"样品/小/试用装"等字样。

图5-29　试用商品规定说明

第四问：补差价属于非常规商品吗？为什么我发布补差价商品后收到店铺

限制？

答：补差价属于非常规商品，补差价商品不是实物商品，不支持单独购买。如果消费者主动提出个性化需求，可告知消费者在聊天窗口通过"发红包"的方式进行补差价。

这里只提出了卖家做拼多多经常遇到的部分情况，不同商品的要求各不相同，卖家需要在后续过程中及时查漏补缺，避免违规，减少损失。

笔者在上面讲述的这些内容是卖家运营拼多多时的基础必填模块，属于外功，卖家读者好好看书就能完全掌握。而接下来关于推广、营销、报活动、客服等内容，才是拼多多卖家内功（软实力）的体现。

总结

产品上架前，卖家要做的基础工作有两方面：一是店铺后台的设置，具体的操作方法见5.2节；二是产品的主图、视频、详情页、标题、价格分层等工作。

主图要求：至少5张，文案卖点包含功能、特点、效果等产品信息。

视频要求：至少一段10秒视频，视频要情节流畅、卖点突出。

详情页要求：手机端至少7屏，包含优惠信息、产品卖点、产品特点、产品信息、不同角度展示、使用场景、发货时间、客户须知。

标题要求：全填满30个字。

价格分层要求：价格必须有引流款，要和同行对比，做到差异化，让买家无从比价。

这些工作不但要追求质量，也要追求数量！

这一节内容要求卖家深刻理解做好产品的"表面工作"，只要是买家能看到的信息，都要做到百分百重视，以追求极致的态度去完成那些不起眼的"边边角角"工作。

5.3 立竿见影的免费推广

做拼多多最令人惊喜的时刻莫过于接到第一单。接到第一单后，更令人惊喜的时刻莫过于又接了第二单。再接下去，便习以为常，没什么感觉了。直到100

单、1000单、10000单，卖家将一个层次一个层次地越过。

问：一个店铺是初期出单的难度高，还是长期运营使业绩增长的难度高？

答：肯定是长期运营使业绩增长的难度高。

卖家初期出单的难度来自对未来销量的不确定性和对投入费用的不可预估性。对于新手来说，无论是投入费用还是未来销量，过程都是迷茫的，结果都是未知的。而对于有运营实操经验的卖家来说，看似不可言语的运营工作实际上也是可以量化的，通过量化细节过程可以达到量化结果的目的。

由于运营工作具有时间滞后性，卖家做的工作不会在一两天内立刻见到效果。因此，运营工作有点"虚"，它不像设计那样当天就能出结果。

马云说过，虚就是实，实就是虚，仅仅务实或仅仅务虚，在这个社会都不好混。同样，运营工作也是一个虚实结合的过程，仅仅只说虚，或者仅仅只说实，都是思想浅薄的表现。因此，务虚即务实。

推广是为了干什么？简单地说，推广是为了让自己的产品被更多人看到，从而销售产品。这句话是对的，但显然是不专业的。用专业的话说：推广是为了引流，引流是为了转化，转化是为了销售额。

特别感谢阿里巴巴提供了下面这个非常简单却又异常实用的公式。

$$销售额=流量×转化率×客单价$$

卖家知道这个公式后，就能明白自己做的很多工作是为了什么，那就是一个目的——提高销售额。推广是为了获取流量；做好标题、主图、价格、详情页既是为了流量，也是为了转化；价格分层是为了提高客单价。这些就是拼多多第一层次所做工作的目标。第二层次是优化价值链、成本链，形成规模优势。第三层次是优化品牌、平台、生产、渠道、团队，形成资源优势。

现在开始，我们练拼多多的第一层功夫。

5.3.1　我们不一样

新品上架，对比一下竞品，我们会发现以下情况。

假设图5-30是卖家刚上架的产品，销售了16件，而图5-31是竞争对手的产品。

图5-30　产品详情页（1）　　　　　　　图5-31　产品详情页（2）

以拼多多猫粮这个行业来说，排名靠前的卖家的销量动辄 10 万件以上，卖家没有选择销量在 30000 ~ 50000 件的产品做竞争对手，也没有选择销量在 8000 ~ 10000 件的产品做竞争对手，而是选择了一个上架没多久、销量只有 650 多件的产品做竞争对手，非常有真实感。信息很明确，卖家的第一个目标就是销量达到 650 件，要做的工作就是先超越它。

笔者在这里要说明一下，卖家也可以找一个销量 1000 件的产品做竞争对手，但是销量要超越 1000 件，卖家在运营难度和投入费用上可能会更大。卖家先找一个相对好超越的竞争对手，超越后再向高一层次的竞争对手发起冲锋，相对来说更容易实现。小步快跑，快速迭代，持续优化，是拼多多卖家应该一直遵循的基本指导思想。这种思想应贯穿卖家运营拼多多店铺的整个过程。

通过图 5-30 和图 5-31 中标注的红框就能看出差距来。谁平庸懒惰，谁勤奋优秀，一目了然。

我们再看图 5-32、图 5-33 所示的评价，对比一下差距。

图 5-32 是卖家新上架产品的评价，图 5-33 是竞争对手的评价，两相对比，差距依然明显。

图5-32　产品评价（1）

图5-33　产品评价（2）

图5-34是卖家新上架产品的详情页，图5-35是竞争对手的产品详情页，差距依然不小。

从图5-30和图5-31的对比到图5-32和图5-33的对比，再到图5-34和图5-35的对比，主要看红框标注的地方，笔者只说竞争对手的优点，以利于卖家读者在实践中照章操作。

图5-30和图5-31对比，竞争对手具有以下优点。

（1）主图数量多，并且质量高。

从数量来看，竞争对手有7张主图，卖家有4张主图，表明竞争对手比卖家勤奋；从质量来看，竞争对手的主图文案美观得体，有卖点——"第2件半价，不吃包退"，反观卖家，仅仅是上传了一张没有任何信息的照片。失败莫过于此！

好了，笔者将第一个对比说得很清楚了。为了节省时间和给读者留下思考的空间，下面的对比，笔者只说结果，不再分析。就像第一个对比，笔者只说"主图数量多，并且质量高"，分析的部分由读者自己动动脑筋。你也可以先不看下面的答案，自己对上面三组图片进行比较分析，整理出结果，再和下面的内容"对答案"。

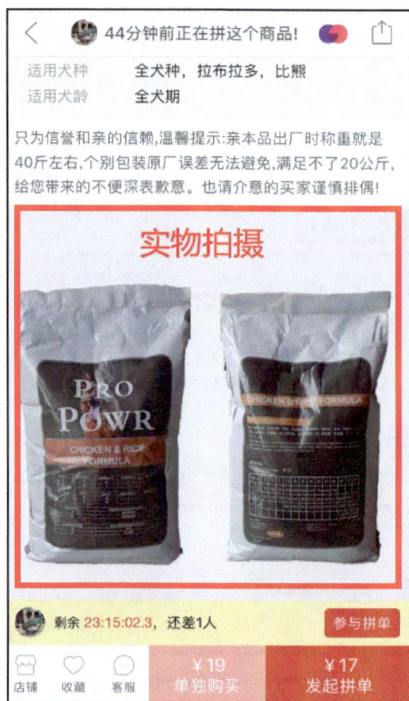

图5-34　产品详情页（3）

图5-35　产品详情页（4）

（2）有价格分层，有引流款，既能引流，也能满足各种有需求的人购买。

（3）有优惠券或活动。

（4）评价做得好，字数多，晒图也多。

图5-32和图5-33对比，竞争对手的评价标签做得好：物流很快（6）、物美价廉（5）、包装很好（5）。

图5-34和图5-35对比，竞争对手的详情页做得很用心，并且有吸睛文案。

经过这样对比，我们就能发现6个产品缺陷。虽然只有6个缺陷，但是工作量并不少，把这些做完才能勉强跟得上这个对标的竞争对手。

这反映了什么问题呢？

懒，不用心。

卖家做拼多多店铺运营，糊弄的不是别人，而是自己的金钱和精力。要想做到排行榜前面，卖家就要比别人勤奋，和别人不一样。

5.3.2　超级有效的三种补单方法

对于所有人来说，前面讲了背景、形势、思路、技巧、定价等，但是这些要么做的是从 0 到 1 的基础性工作，要么做的是 1 以后的锦上添花的工作。那么，卖家如何踏出第一步？

这是拼多多运营的起手式。这个起手式有多重要？有的人一出手便破绽百出，有的人一出手却水泼不进，这就是技术。对于所有人来说，能把这部分内容学好，几乎等于成功了一半。这部分内容讲述的不是刷单，也不是凑销量，它考验的是卖家对拼多多基础销量的理解、对初始运营工作节奏的把握和对平台规则的掌握。笔者要对这三点加以详细说明。

（1）卖家对拼多多基础销量的理解

卖家上架新品，拼多多平台根据产品的标题、主图、属性、价格、服务承诺、详情页等信息给出初步的产品画像，产品画像决定了推送给哪些人。但是，在竞争如此激烈的平台上，每个产品都在抢流量，有销量、有人气的老品自然能获得更多流量，刚上架的新品只能得到有限的流量，有限的流量决定了有限的转化。

同时，平台的考核机制决定了有销量的产品曝光比较多，也就是给销量高的产品提供了更多的展现量。因此，销量的重要性就凸显出来了。笔者所说的销量权重就是这个意思。

新品上架后，淹没在茫茫货海中是没有展现、转化和销量的（注意顺序：先有展现，后有转化，最后是销量）。而有了基础销量，平台对产品打标签、做记录、收集数据后，才会根据这个产品的"身份"将其推送到合适的流量渠道，如关键词搜索渠道、活动搜索渠道、类目渠道。

（2）卖家对初始运营工作节奏的把握

卖家理解了基础销量，可以用三种补单的方法将初期销量迅速做出来。做出来以后怎么办？每天都怎么安排？做哪些工作？运营节奏怎么安排？工作脉络如何梳理？这些都是卖家要考虑的问题。这些内容会在下面的表格中体现出来，笔者在解说表格时会详细说明。

（3）卖家对平台规则的掌握

笔者在前面的讲述中或多或少提到过一些违规行为的案例。很多卖家为了迅速提高产品的基础销量，运用各种违规手段（只要不是正当交易流程，都可能是违规）做销量，结果被平台处罚。经营拼多多店铺不是碰运气，卖家需要精细化运营。而遵守平台规则是卖家做好拼多多店铺运营所必须具备的基础素养。

读者理解了以上内容后，笔者接着分享这一节的主题——超级有效的三种补单方法。我们看一张价值 3 万元的表格，如表 5-1 所示。

表5-1　拼多多基础销量补单计划表

时间	第1天	第2天	第3天	第4天	第5天	第6天	第7天	第1天
计划	10	16	26	34	32	28	30	32
分享补单	10	16	26	28	22	20	18	15
直通车补单						2	4	6
搜索补单				6	10	6	8	11
						评价出现后再用直通车补单		

说明：拼多多是社交电商，所以补单不必采用循序渐进的阶梯式补单法，计划好直接做销量、做评价

表 5-1 是拼多多基础销量补单计划表，做基础销量的时候，卖家用这张表计划出第一个 7 天的数量，每天要做多少量，直接按照表格处理。在第 5 天、第 6 天的时候，卖家再做出第二个 7 天的计划。一般来说，卖家的速度快一点，第一个 7 天内就能出单；慢一点，第二个 7 天内出单。这张表传递了什么信息呢？

（1）拼多多的特点

拼多多是社交电商，流量主要来自微信，通过在微信群、朋友圈分享链接、拼团优惠、砍价免费的促销策略吸引了很多购物用户。这种成交是没有规律的。因此，卖家可以用力度较大的促销策略，在微信群、朋友圈获取前期的基础销量。

（2）关于计划中的数量

本计划中的数量只是一个预估数量，在推广的过程中，第 1 天成交 10 单左

右即可，8、9单或11、12单都可以；第2天分享成交14、15单，或者17、18单是正常现象。卖家不要把10或16看成一个固定数字，它是一个计划值。

同样，卖家也可以制定第1天成交20单、第2天成交32单、第3天成交50单这样一个阶梯式递增计划，来安排补单。这里面卖家要考虑的是能接触多少愿意下单付款的人群，自己打动买家付款的办法是什么。假如卖家有5000个微信好友、600个微信群、50元的产品，发35元的优惠券，那么一天30～50个基础销量可能很快就会实现。我们只有500个好友，6个微信群，50元的产品，发5元优惠券，那么一天可能只实现3～5个基础销量（除非借力，靠其他有更多好友的微信）。对于这个关系，读者要清楚。

（3）三种补单方法

表5-1中的分享补单、直通车补单、搜索补单是有节奏地展开的。读者一定要注意"节奏"这个词，优秀的运营人员就是要把握好整个项目的节奏感。节奏不对，干活很累。

什么叫作节奏？笔者的解释如下。

卖家第1天分享成交10单，第2天分享成交16单，第3天分享成交26单，第4天分享成交34单，同时在第4天出现了变化，搜索补单出了6单。这是怎么做到的呢？做了3天分享后，产品积累了一定的销量权重（第1天下单后就有销量权重了）是有展现的，有竞争力的关键词就会排到前面。这时候，卖家打折优惠的力度大一些，关键词被展现时就会被买家看到，进而发生成交。

当第4天、第5天搜索入口陆续成交以后，卖家要迅速想方设法让买家评价。卖家要评价的办法，可以是给买家好处引导评价，也可以是主动讨要评价。正常情况下，第1天成交的单子，买家在第5天已经收到货了。通过催要评价，第5天晚上或第6天早上就会出现评价。由于第1天成交10单，卖家就要力争至少出现5个评价。一旦评价出现，就上拼多多直通车（多多搜索）。

这样就形成了基础销量增长的三种方法：分享补单、搜索补单、直通车补单。三种方法持续2～3周，就能形成稳定的流量。卖家在一边做的同时，要提高搜索和直通车补单，降低分享补单（卖家分享的对象是有限的，所以逐渐要靠平台流量）。分享补单的办法后续只是为了提高产品转化率偶尔使用。

卖家这样做，第2周或第3周时肯定出单。

这时候，有读者可能会疑问：分享补单到底如何分享？分享后会有人买吗？怎样保证他能买？

下面先看如何分享，如图 5-36 所示。

| 图5-36 产品界面 | 图5-37 分享方式 |

图 5-36 是笔者随机选择的一款猫粮产品的界面图，图右上方的蓝色白边箭头指向的白色简易尖头就是分享按钮。点击分享按钮，出现图 5-37，图靠下的位置出现分享方式，分别有微信、QQ 好友、QQ 空间、复制链接及分享图片等。用户经常用到的是微信、复制链接、分享图片三种方式。

三种方式在微信中分享后的界面如图 5-38 所示，笔者用三个红框分别标注出来。用户点击第一个和第二个红框的内容，就会跳转到拼多多，使用起来非常方便。而第三个红框是分享图片模式，点击后放大如图 5-39 所示。图 5-39 上有二维码，用户长按二维码就可以直接进入拼多多商品页面。

分享是不是很简单？在这里，笔者要提醒卖家的是分享补单可以用不同的方式分享给微信好友，这样更加真实，平台也更欢迎这种方式。

图5-38　分享效果图

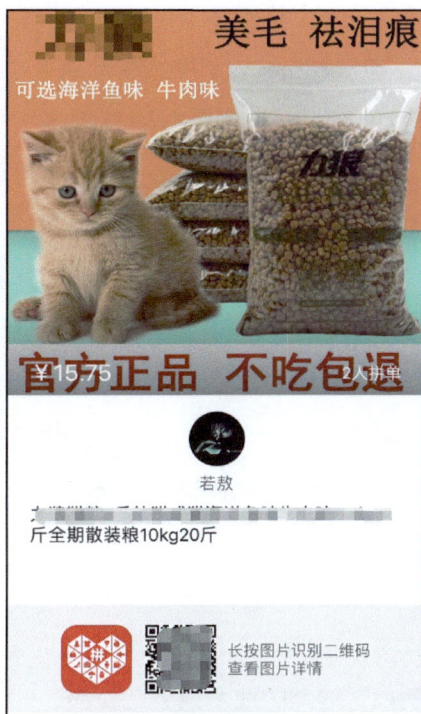

图5-39　分享图片示例

接下来，笔者讲分享成交文案。

分享后会有人买吗？怎么保证他能买？ 是的，分享后谁都不敢保证会有人肯定买。既然不敢肯定，那么卖家可以用一些方法提高"保证有人买"的概率。例如，卖家卖的是猫粮，市场均价5斤9.9元、10斤19.9元。新品上架，该怎么卖？

第一种方法是打价格战，文案如下。

新店开业，5斤7.8元，10斤16.8元，支持货比三家，不吃退货包运费，再送狗狗洗澡沐浴露一瓶，仅限前100名。

此处只是举例，这种方式就是让利给买家。卖家自己要核算好成本，前期可以适当让利给买家。

第二种方法是打感情牌，文案如下。

本店为毕业大学生创业试运营店铺，不愿啃老，自谋生路，特开此店。

因新品上架没有成交，不图利润，只为销量，各位路过的哥哥姐姐，请赏个脸，给小弟个支持，前 100 件半价出售。在下感激涕零！

（下面放几张可以引起同情的照片）

这种文案可以衍生出种类繁多的样式，如下岗大叔、失业女生、农村青年等。

第三种方法是赠送超值赠品。

卖家卖的是猫粮，那么，猫咪有什么其他需求呢？猫咪还要清洗毛发吧？猫咪还要玩具玩吧？猫咪是不是还会有个小窝？这些关联产品都是卖家营销的工具。猫粮的价格不变，但是卖家送给买家超过猫粮价格本身的赠品，如一个猫窝、一瓶沐浴露、一大堆猫咪玩具。如果卖家能想出"羊毛出在猪身上，让狗买单的法子"，那么基础销量根本不是难题。

有读者会问："你说的这些可都是要成本的哦！花钱的是我们，出点子的是你，谁知道可不可行？"

其实，在赠品方面，如果卖家是从厂家直接拿货，很多产品的成本是很低的。例如，猫窝的成本只要几块钱，500ml 沐浴露的成本也是几块钱。猫窝送出去半年甚至一年都不会换一个，所以赠猫窝是没有回头客的。而沐浴露是高频消耗品，非常适合赠送。高频消耗品就意味着买家用完后还会再买。卖家可以向厂家索要一些试用装，有些厂家甚至直接提供正式销售的成品装。

据笔者所知，宠物清洁类产品有的 500ml 成本才三五分钱，装产品的瓶子却要好几块钱。对于这种产品，卖家和厂家沟通一下，厂家是很愿意合作的，直接赠送。还有其他一些产品，卖家自己多思考，还是可以找到的。

至此，笔者已经把如何补单说得很清楚了，前 7 ~ 14 天的工作计划该怎么安排，想必读者都会了吧。

5.3.3 好评价就是高转化

对于产品的评价晒图，卖家应当像做主图一样重视。评价就是转化率！

评价不是给自己看的，是给所有买家看的。评价很好地补充了主图和详情页没有包含的内容。那么，怎样做评价呢？是让买家好评晒图，还是去竞品店铺借鉴评价晒图？

卖家按照以上方法做完全没有问题，但似乎少了些什么。难道卖家做评价没有方法论，没有科学的指导思想吗？

（1）评价很好地补充了主图和详情页无法包含的内容，可以让买家更多地了解产品。因此，写评价就应该围绕产品的卖点、参数、服务、口感等特点入手，用文字、图片、视频等方式表达出要强调的内容。如果产品是猫粮，评价内容可以是拍猫咪正在吃食的视频、照片，反映产品很受猫咪喜爱的特点；如果产品是水果，就要用视频和图片重点展示水果的色泽和水分。对于这两个类目，视频和图片能展示出很强的用户体验感。因此，评价就占了很大的优势。

不同的类目，要看产品本身用什么方式能更好地展示出卖点，就选择哪种方式。评价晒图不一定都用视频和图片，用文字也可以很好地展现产品的买点。

做评价的第一个启示：评价是主图和详情页的重要补充内容。

（2）评价是从买家的角度说的，有很强的感染力，会瞬间让看评价的人相信卖家的产品。在拼多多上，卖家属同一个阵营，买家则要通过评价了解产品，这是评价的天然属性，卖家可以利用它做好营销。一段30～50字的产品使用感言，胜过10张主图。笔者经常能看到评价区的追评，一句"用了一个月后才发现是假货"立刻会让所有买家都收回点击付款的手指。很多产品各方面都好，转化率却很低，就是因为买家的评价不好。

做评价的第二个启示：站在买家的角度，带着"使用心得"写评论。

如果评价满足以上两点，会让买家觉得这个产品还可以，但至此还做不到让买家心动。

（3）大部分买家在货比三家的过程中会看竞品店铺的评价，评价影响了他们的购物决策。如果买家觉得这个产品好，就会下单付款。而收到货后，有一定比例的买家会评价。买家对产品满意，会给予好评并分享自己认为好在哪里；买家对产品不满意，就会给予差评并吐槽一肚子的失望心情。

根据以上情况，收集竞品店铺的差评，对自己的产品进行优化后并在主图和评价中展示出来，是卖家提高评价质量的有效方法。

做评价的第三个启示：从竞品评价那里学习解决买家痛点。

（4）买家一旦做出评价后，他发布的评价是能被其他人点赞和评价的。这时候，卖家就有文章可做了。例如，卖家可以举行评价比赛，买家发布评价后，在规定时间内被点赞最多的评价，买家可以免单；被点赞次多的评价，买家可以 1 折下单；被点赞第三多的评价，买家可以 3 折下单，等等。规则大概如此，卖家可以按照这个思路设计自己的评价活动方案。这样做就能让评价区活跃起来。更重要的是，买家为了做高评价点赞量，可能会产生更多新颖的、让卖家都想不到的评价方式。

做评价的第四个启示：发动买家主动评价，提高评价互动和质量。

这四种方法（启示）简单易懂又操作方便。当然，卖家只有在实践过后才能发现它的效果。而且，聪明的读者中说不定会举一反三，创造出新方法。让我们拭目以待。

5.4 有技术含量的付费推广

看了前面的讲述后，有人会问："如果免费推广做得很好，难道还要使用付费推广吗？"

回答："当然是！"

如果说免费推广是以经验换销售额，那么付费推广就是以金钱换销售额。付费推广的本质就是以金钱换金钱。

对于免费推广，最重要的是把握好节奏；对于付费推广，最重要的是做到精准。只有掌握节奏，才能走好；只有做到精准，钱才花得值。

免费推广是打牢基础，付费推广是锦上添花。

不管是上节讲的免费推广，还是本节要讲的付费推广，都会详细地告诉读者如何操作、方法路径、达成后的效果。然而，这些都是实践层面的内容，只要动手，99% 的读者都能够学会。更重要的是卖家要体会思维层面的内容，包括每一个点的作用、点和点之间的关系、点点连线后的脉络等。只有这样，实践才能升华。

5.4.1 神奇的"多多进宝"

"多多进宝"是拼多多的成交付费推广功能，类似于淘宝的淘宝客，其模块在拼多多的后台，如图 5-40 中箭头指向的位置。

图5-40 "多多进宝"模块

"多多进宝"模块下有 4 个菜单，分别是"进宝首页""推广设置""推广效果"及"推广助力"。"进宝首页"和"推广设置"是本节要重点介绍的内容，"推广效果"和"推广助力"是只需要了解的内容。

从"进宝首页"进去，有 4 项重要的内容，如图 5-41 所示。

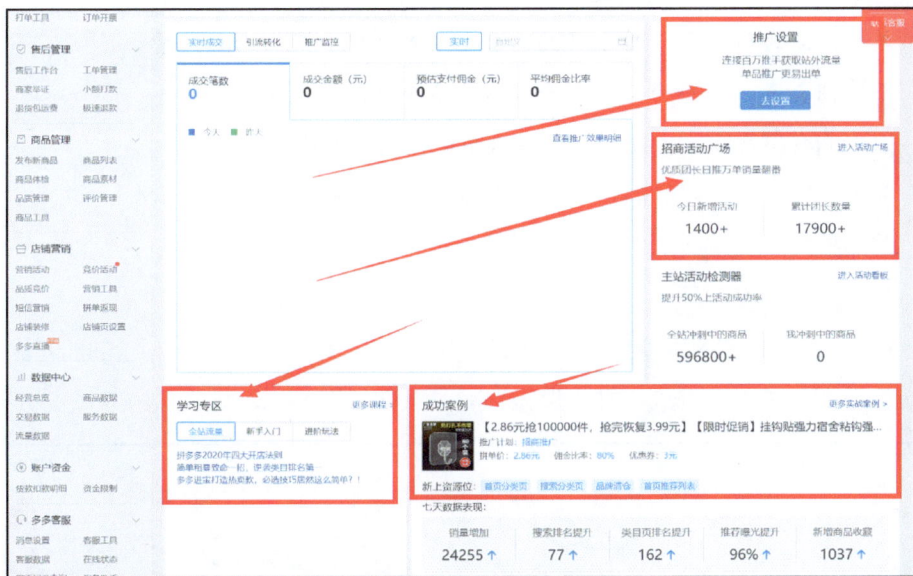

图5-41 "进宝首页"功能

在图 5-41 中，红框框出的"推广设置"和"招商活动广场"是卖家需要掌握的内容，这两个是参加多多进宝推广的设置入口。

"推广设置"是卖家把产品的活动（优惠信息）设置好，第三方推手主动来抓取产品信息并进行推广的一种方式；"招商活动广场"相当于所有的第三方推手在一个广场摆摊，卖家主动去他们的摊位挂自己产品的广告。"推广设置"推广方法的优点是卖家使用起来省事简单，缺点是卖家对效果无法追踪；"招商活动广场"推广方法的优点是卖家对活动效果能充分了解，知道活动的转化效果，后续还可以继续报名参加效果好的活动，缺点是每天都要报名，比较累。

图 5-41 中靠下的位置有两个红框，一个是"学习专区"，另一个是"成功案例"。这两项内容都是卖家学习拼多多实践经验的入口，开店卖家多去这两个区域学习有助于增强自己的运营功底。

图 5-41 第一个红框的左边有 4 个数值，分别是成交笔数、成交金额、预估支付佣金、平均佣金比率，这 4 个数值显示了参加多多进宝推广后的效果。其中，成交笔数是指成交了多少订单；成交金额是指买家付了多少钱；预估支付佣金是指未确认收货并且假设买家不退货的订单，卖家需要支付给第三方推手的佣金；佣金率的计算公式如下。

佣金率 = 佣金收入 / 成交量

单个产品的佣金率 = 单个产品的佣金收入 / 单个产品的成交量

平均佣金率 = 多个产品的佣金收入 / 多个产品的成交量

以上内容是卖家学习图 5-41 后需要掌握的基本知识。

如果现在有一款产品需要用多多进宝推广，卖家应该如何操作？

单品推广设置方法如下。

第一步，添加商品。

点击图 5-40 红框内的"推广设置"，或者点击图 5-41 中第一个红框内的"推广设置"即可进入。进入"推广设置"后，页面如图 5-42 所示。

图5-42　开通单品推广示意图

点击图 5-42 中的"立即开通"，进入如图 5-43 所示的页面。

图5-43 添加商品示意图（1）

进入添加商品页面，点击图 5-43 中红色箭头指示位置的小正方形，点击后如图 5-44 所示。

图5-44 添加商品示意图（2）

点击小正方形后，小正方形变成红色，同时所在的外框也会变成红色，红色代表被选中。图 5-44 靠下的位置是设置佣金比率模块（必填），比率范围为2% ~ 80%。也就是说，最少要填写 2%。如图 5-45 所示，填写 2 后，填写处变成蓝框，右边的"下一步"变成高亮蓝色，提示可以继续操作，点击下一步。

图5-45 添加商品示意图（3）

第二步，推广设置。

点击图 5-45 中的"下一步"后，进入图 5-46 所示的"推广设置"页面。

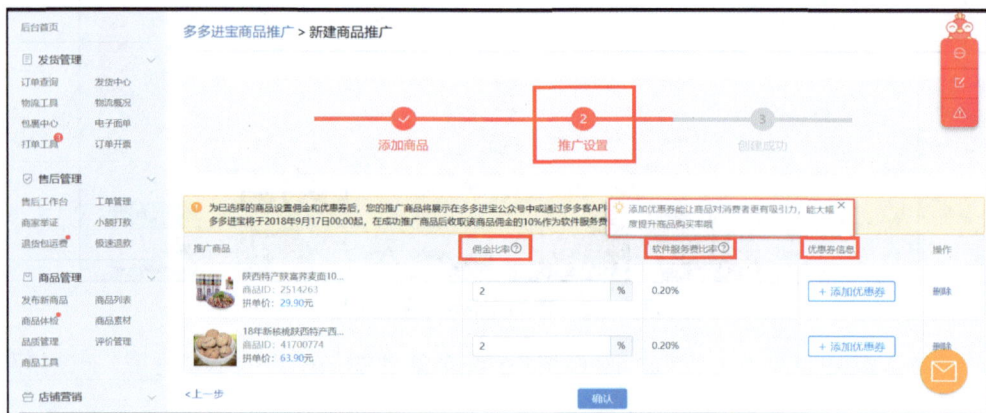

图5-46　"推广设置"示意图（1）

图 5-46 所示的"推广设置"页面有 3 个重要操作，分别是设置"佣金比率""软件服务费比率""添加优惠券"。"佣金比率"已经设置过了，但此时还可以修改数值。"佣金比率"右边的"软件服务费比率"是什么意思呢？移动鼠标到"软件服务费比率"后的"？"号上，如图 5-47 所示，红框下自动出现注释：自2018 年 9 月 17 日起，多多进宝收取佣金 10% 作为软件服务费。下面自动出现数值：0.2%。如果佣金比率设置 10%，那么软件服务费比率就是 1%。

图5-47　"推广设置"示意图（2）

在图 5-47 中，如果这时候点击"确认"（就是不设置添加优惠券），页面会出现图 5-48 中红色字的提示：商品价格大于 10 元，请设置优惠券（价格超过10 元强制设置优惠券）。在图 5-48 中点击"添加优惠券"，跳转到创建优惠券页面，如图 5-49 所示。

图5-48　"推广设置"示意图（3）

图5-49　创建优惠券

图 5-49 中带红星的栏目都要填写，如名称、时间、面额、张数、每人限领。

添加优惠券时，卖家可以根据自己产品的特性自由设置面额。拼多多后台有温馨提示功能，它会适当提示卖家应该填写多少比较合适。这个功能是一把双刃剑，对卖家有利的地方在于能够引导卖家提高转化率，不利的地方在于它总是让卖家做出最大幅度的优惠。

第三步，创建成功。

点击图 5-49 中的"发布"，进入图 5-50 所示的页面，显示要添加的优惠券。

图5-50 添加优惠券示意图

在图 5-50 中点击"确认"，跳转至如图 5-51 所示的页面，显示添加优惠券成功。

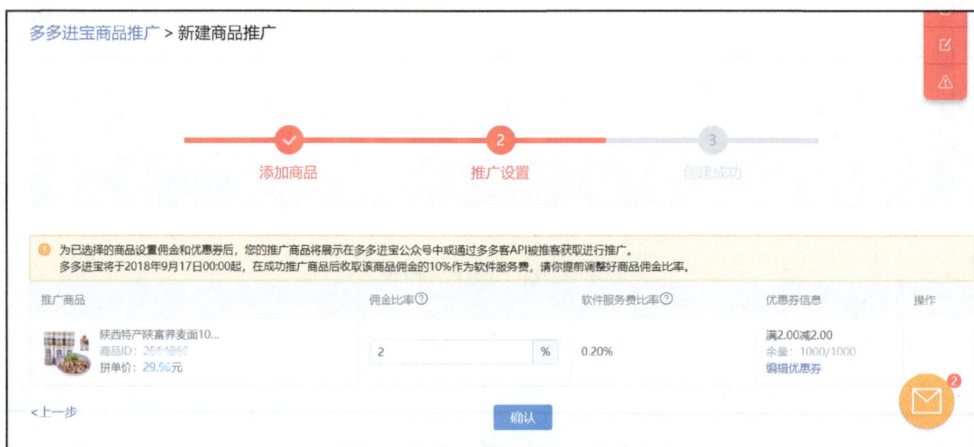

图5-51 优惠券添加成功示意图

这个优惠券为什么是满 2.00 元减 2.00 元？因为这是一个无门槛优惠券，只要产品单价大于 2.00 元就可以使用。

在图 5-51 中点击"确认"，跳转至如图 5-52 所示的页面。

至此，"单品推广"设置成功。

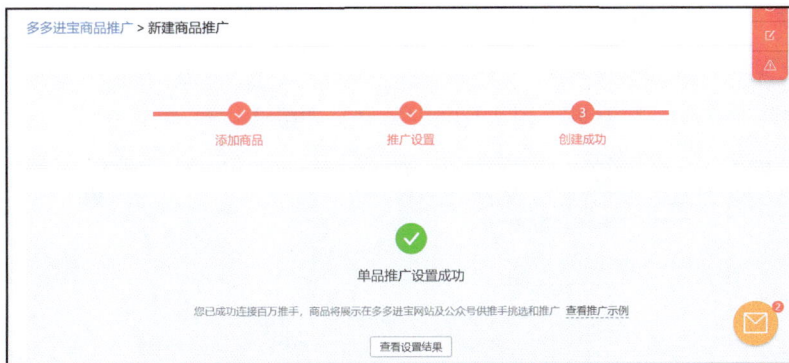

图5-52　"单品推广"设置成功示意图

"全店推广"的设置方法和"单品推广"的设置方法一样，但是更简单，设置好以后如图 5-53 所示。

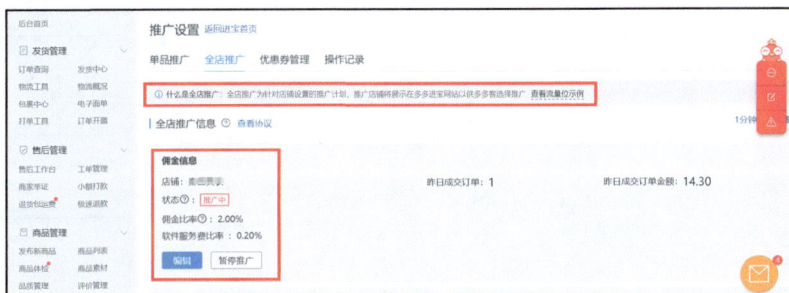

图5-53　"全店推广"设置示意图

至此，"单品推广"设置和"全店推广"设置就讲完了。

笔者在图 5-41 中提及了两个重点内容，一个是"推广设置"，另一个是"招商活动广场"。"推广设置"的内容已经讲完，接下来讲述"招商活动广场"，如图 5-54 所示。

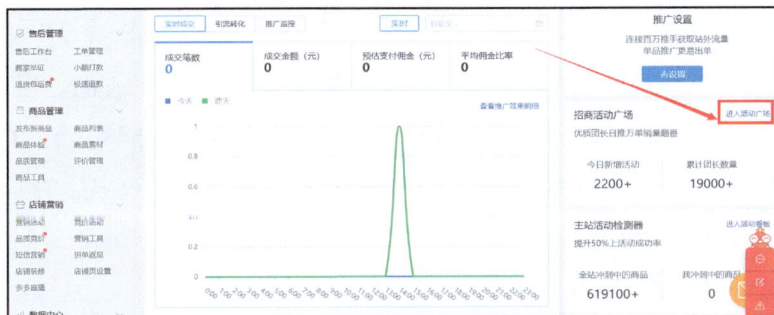

图5-54　"招商活动广场"示意图

"招商活动"设置方法如下。

第一步，进入招商广场。

点击图5-54中红框处，进入图5-55所示的页面。

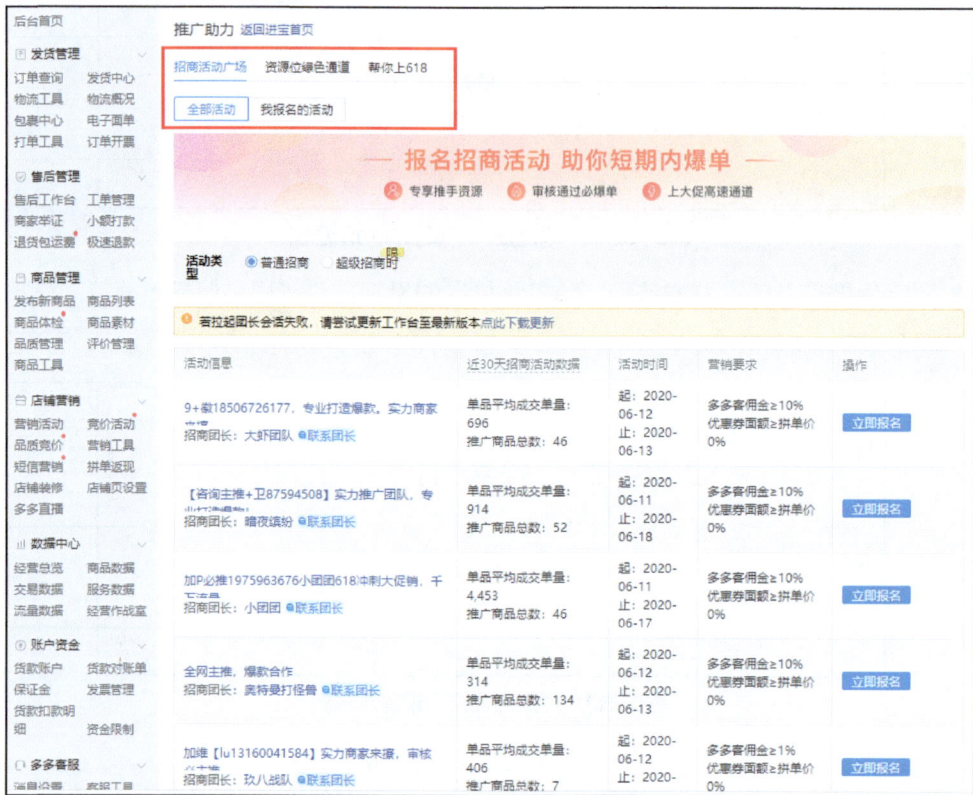

图5-55　"活动广场"示意图

图5-55中红框处有三个菜单，分别是"招商活动广场""资源位绿色通道""帮你上618"。"招商活动广场"菜单下有"全部活动"和"我报名的活动"两个子菜单，卖家主要使用"全部活动"功能。"全部活动"下有"活动类型"选择菜单，活动类型可以选择"普通招商"或"超级招商"。"全部活动"下面占据了大部分位置的区域是很多招商团长发出的活动信息，活动信息分为标题、近30天招商活动数据、活动时间、营销要求四部分，并且后面有"立即报名"的蓝色按钮。卖家需要报名哪个活动，点击"立即报名"，并且满足招商团长设置的要求即可。

第二步，参加活动。

在图5-56所示的页面中点击"立即报名"。

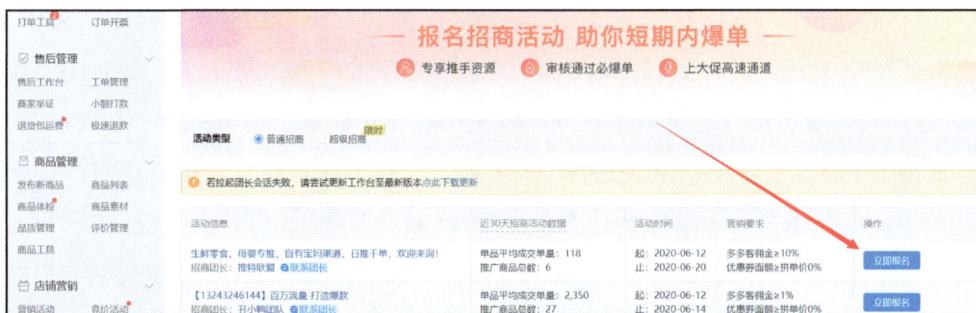

图5-56　参加活动示意图

页面跳转到图5-57所示的页面，选择商品并点击下一步。

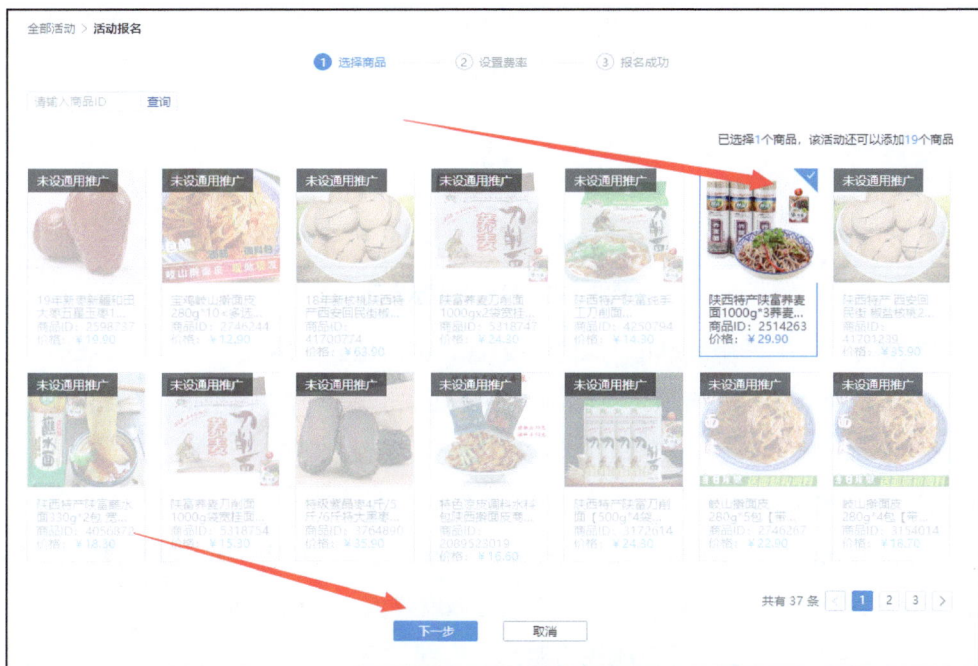

图5-57　选择商品示意图

进入图5-58所示的设置费率页面，卖家能看到图5-58所示的界面设置和图5-46相似，设置方法也基本一样，具体设置方法可参考图5-46的讲解内容。

如图5-58所示，设置好后点击完成，一个招商团长的活动就报名成功了。一个店铺一天最多可以报名10个活动，卖家要想多报就只能等第二天再报。

按照教程，想必读者已经能操作"推广设置"和"招商活动广场"的设置了。

但是，"多多进宝"的推广设置还有一部分内容需要卖家深入了解。在图5-42

中，"单品推广""全店推广""优惠券管理""操作记录"都是各自菜单的名称，卖家通过菜单名称很容易明白它们的功能。"单品推广"针对单个产品分别设置推广计划，"全店推广"针对全店商品统一设置推广计划。前者相当于私人订制，后者相当于批量生产。卖家在进行"单品推广"或"全店推广"时都可以添加优惠券，优惠券能有效地提高转化率。"优惠券管理"功能就是为了能够统一灵活管理优惠券而单独出来的菜单。"操作记录"是查询过去某个时间段做了哪些操作的菜单。

图5-58　设置费率示意图

在图5-42中，"单品推广"功能开通后，会出现"通用推广"和"专属推广"两种方式，如图5-59所示。它们的不同之处在于，设置"通用推广"推手的佣金比例是统一的，而"专属推广"可以对特定推手设置不同比例的佣金。

注意，"专属推广"必须在"通用推广"的基础上进行。

在图5-59中，相对于"通用推广"，"专属推广"功能增加了填写推广者ID的填写框，"通用推广"则没有，这个填写框就是填写特定推手身份的位置。

那么，推广者ID从哪里能找到呢？

笔者提供一个最简单的办法，如图5-60所示，在"招商活动广场"找到一个活动，点击联系团长，即可获取团长ID。

至此，"多多进宝"的推广部分全部讲解完。

以上都是实操层面的演练，卖家动手一遍即可学会。但是，动手的过程中起手式怎么起？后招如何出？这些问题都没有讲清楚，如果不讲清楚，读者就会处于一知半解的状态。说懂吧，其实不完全懂；说不懂吧，好像又懂得不少。这种状态在动手实践的过程中会让人遇到更多的困惑。

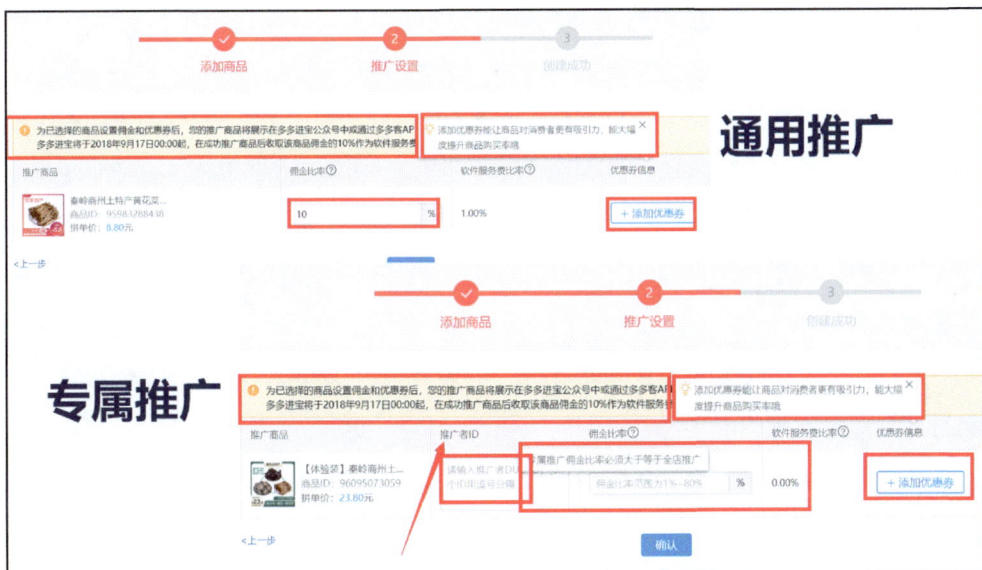

图5-59　"专属推广"和"通用推广"比较图

图5-60　"招商活动广场"示意图

　　动手并不代表能做出效果！在运营拼多多店铺的过程中，卖家对佣金具体设置多少？是一直保持不变，还是要不断调整？一次性报名多少个活动合适？优惠券到底要不要设置？时间如何安排？卖家对这些问题的疑惑都没有解开，在实操过程中就会不断试错，走很多弯路。

那么，拼多多产品推广的正确做法应该如何起手，如何执行呢？下面给出详细的步骤方法，即"多多进宝的阶梯式推广方法"。

店铺上架一款产品后（主打产品），除了做基础销量以外，推广过程中还需要做多多进宝。例如，从店铺产品中选出一个 SKU，通常是价格最低的，如 9.9 元，用多多进宝猛推。

第 1 周，优惠设置满 9.9 元减 3 元，佣金设置 30%（虽然要考虑利润，但是 30% 很可能亏钱）。

第 2 周，优惠设置满 9.9 元减 2 元，佣金降低到 20%（虽然要考虑利润，但此时基本都是不赚钱的）。

第 3 周，优惠设置满 9.9 元减 1 元，佣金设置 10%（虽然要考虑利润率，但此时只可能略盈利）。

第 4 周，优惠设置满 9.9 元减 1 元，佣金设置 5%（此时才可能盈利）。

第 1 周到第 4 周都是新品为了冲量，这里有两个要重点强调的细节。

（1）以上方法中的优惠和佣金设置是卖家自己设定的，但是到底设定多少由谁决定？

由市场决定！

买家浏览网页时看到网页上推广的产品，第一反应会想这个产品的市场价大概是多少钱。如果这个产品以市场价的 8 折销售，买家会考虑是否购买；如果以 5 折销售，买家很可能立刻下单；如果以 3 折销售，买家会毫不犹豫地下单；如果以 1 折销售，买家将会买一大堆屯着。买家下单的多少，就是由其头脑中这个"无形的市场"决定的。

优惠折扣的大小决定了买家积极性的高低，也直接决定了下单转化率；佣金设置多少，决定了推广者推广产品力度的大小。我们可以想一下：产品的优惠力度大，佣金设置高，推广者推广的积极性就高，曝光就会大；产品的优惠力度大，转化率就高，很可能一两周之内就会爆单。如果产品的优惠力度小，买家不感兴趣，那么转化率肯定低。佣金给得低，推广者的积极性不够，推广范围小，曝光不够，就没有流量，这样做，将越做越难。

因此，多多进宝的阶梯式推广方法就是对产品折扣、佣金费率、优惠券、产品成本等参数动态调整的过程。买家只要明白了这个道理，就很容易做出推广策略。

（2）有的卖家会问，是不是第4周以后就会出单了？

在卖家操作的过程中，"多多进宝"可能第1周或第2周就会出单，它是逐步出单的，数量由少到多。

卖家在第2周设置的优惠和佣金是在第1周的基础上调整的。如果第1周的销量很高，那就反映了优惠力度很大，市场需求比较高。如果卖家的实力较强，能承受得起，就在第2周、第3周缓慢减少优惠和佣金，此时销量仍会很快上升。如果卖家的实力一般，觉得投入太大，就在第2周立刻减少优惠和佣金，以防止亏损扩大；第3周和第4周再减少投入，能出单即可。

卖家只要能够把握好这两个细节，"多多进宝"就是一种很容易操作的推广方法。

5.4.2　推广必上"直通车"

拼多多的直通车进入路径如下。

卖家找到图5-61中的"推广中心"模块（在"多多进宝"模块下方），能看到5个菜单："推广概况""推广计划""推广报表""推广账户"及"推广工具"。卖家主要使用的是"推广概况"和"推广计划"两个菜单，较少使用其他三个菜单。因此，本节主要围绕"推广概况"和"推广计划"展开讲述。

点击图5-61中的"推广概况"后，进入如图5-62所示的页面，其中有"多多搜索""多多场景""聚焦展位""直播推广"4个子菜单。卖家使用付费推广的前提是需要先充值，充值后才能进入后台使用。卖家进入"推广概况"后，即可看到充值的位置。系统提示单笔充值100元起。

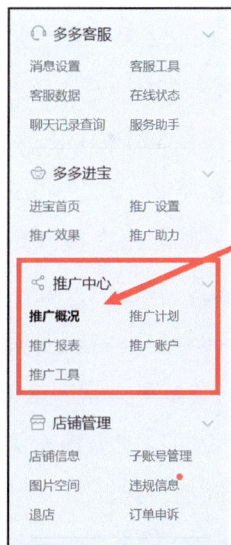

图5-61　推广中心示意图

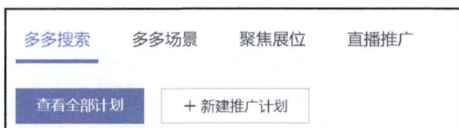

图5-62　推广概况图

请读者思考以下问题。

（1）什么是"多多搜索""多多场景""聚焦展位""直播推广"？

（2）它们分别在什么位置？展示的目的是什么？

卖家只有把这几个问题弄清楚，才能对症下药，才能知道钱花在哪里，展示后有没有效果。这才是考验卖家思维分析能力的地方，理解并能灵活运用这些内容是卖家运营拼多多的入门功夫。

（1）"多多搜索"主要通过买家搜索关键词展现，本质是关键词推广，展示方式如图5-63所示。

读者只要细心就会发现，在图5-63中第一幅主图的右下角，也就是"一份"两个字中的"份"字右下角有很小的两个字：广告。这个广告位就是卖家买了关键词展现出来的搜索广告位。因此，第一幅主图展示的产品用的就是关键词推广。

图5-63是搜索关键词"猫粮通用型"后展示的结果，第一幅主图的产品的关键词就是"猫粮通用型"，这个关键词在图5-63最上方的搜索框中可以看到。那么，有读者会问："为什么第2、3、4名主图没有关键词推广呢？"

图5-63　"多多搜索"效果示意图

原因是在搜索结果页面的第1、7、13、19等位置，每隔6个商品有一个广告位，广告位会展示投放关键词的商品，其他没有投放关键词的商品都是按照自然搜索的排名规则顺序展示的。

"多多搜索"的优势就是精准。由于"多多搜索"是关键词推广，所以"多多搜索"只能被搜索关键词的买家看到，这些买家的需求很明确，即找到"准确"的商品。因此，"多多搜索"的转化率很高。

（2）"多多场景"展示的位置是按千人千面展示的，方式如图5-64、图5-65、图5-66所示。

按照3张图的顺序，"多多场景"展示的位置分别为类目商品页、活动广告页、详情页下方。

"多多场景"展示方式是拼多多平台根据一定的算法，计算买家的收藏、加购、人群属性、浏览路径后综合得出的判断结果，从而给买家匹配适合其需要购买的产品。

特点："多多场景"对买家当时的购物心情非常"了解"，能"体会"到买家的"情绪"反应，从而给买家推荐当时其"需要"的产品。

图5-64 "多多场景"展示图（1）　图5-65 "多多场景"展示图（2）　图5-66 "多多场景"展示图（3）

举例说明。一位买家通过搜索关键词"猫粮通用型"进入产品展示页。这时，他用的是关键词搜索进入。如果他点击了一个关键词广告位，通过投放"猫粮通用型"这个关键词的卖家就会获取到这位买家。"多多搜索"就是通过这种途径获取点击用户的，这是最直接的获客方式，其和买家之间的距离最近。

如果这位买家进来后浏览了一会儿，发现这家店铺还可以，但又想看看其他家店铺的商品，以便货比三家，他就会返回或看详情页下面的"为你推荐"。这时有两种情况：一种是买家返回，即回到关键词搜索页，继续浏览搜索页商品；另一种是下划到详情页下面的"为你推荐"，进入"多多场景"展示广告位。

如果买家浏览"为你推荐"，看到一款商品的标题和主图上写有"海苔味"，从而点击进去。浏览5分钟后，他选择了一款5斤装规格的SKU放入购物车。这时候，拼多多后台做了什么？

拼多多后台已经默默地记录下了买家的购物诉求。此时，拼多多给买家打上了标签：猫粮 + 海苔味 +5 斤装。

如果买家花更多时间继续浏览，拼多多后台就会给这位买家打上更多标签。这些标签聚集起来，拼多多就对这位买家想买什么产品形成了一个很精准的记录。

"多多场景"展示的内在算法就是根据后台给买家打上的标签，不断地调整推送策略，在买家跳转不同网页的过程中给他"挑选"出"最中意"的产品。

有些读者会有这样的经历：浏览今日头条时看到一个 ×× 牌 ×× 型号的充电器不错，然后决定到拼多多看看有没有合适的。可是，他一打开拼多多，页面上立刻蹦出了这个产品，原图、原价、原标题！由此可见，"多多场景"的广告投放可谓惊人的投其所好。

（3）"聚焦展位"目前主要推广位置为 App 首页图片轮播，收费方式为千次展现收费（CPM）。展示方式如图 5-67 所示。

图5-67　"聚焦展位"示意图

在图 5-67 中，靠上方的宠物百货专场就是"聚焦展位"（淘宝叫钻展），采用图片轮播的形式。笔者在写作本书时进入拼多多后台发现，系统提示如图 5-68 所示，因此本节不再继续讲述。

图5-68　"聚焦展位"菜单图

（4）"直播推广"目前主要标识位置在标题的前面，系统会展示"直播中"3个红底白字，表明这个产品正在直播。图5-69中的第1个产品、图5-70中的第2个产品都显示有直播标。

图5-69　直播标识示意图（1）

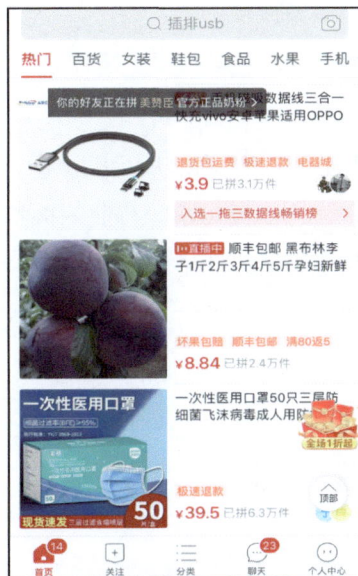

图5-70　直播标识示意图（2）

在图5-69中点击直播产品，进入产品页面，如图5-71所示。

点击图5-71右上方"直播中"小屏幕，即可进入直播间。

以上内容就是"直播推广"的展示位置和进入路径。

上述讲解的4种方法，除了"聚焦展位"以外，其他3种推广方式都能解决卖家在推广中的不同需求。不同行业产品的推广方式是不同的，因此，卖家需要灵活运用推广方式，达到卖出产品的目的。

"多多搜索"和"多多场景"两种推广方法搭配使用，效果更好。在传统电商中，"多多搜索"和"多多场景"是最主要的两种推广方式。传统电商时代是标品的天下，社交电商时代则或许是所有

图5-71　直播页面示意图

非标品的天下。

接下来，笔者实践操作"多多搜索""多多场景""直播推广"在拼多多店铺后台的设置方法。

（1）多多搜索

在图5-72中点击"新建计划"，进入图5-73左边所示的页面。图中的计划名称、预算日限、分时折扣，卖家均可以自定义修改设置。点击分时折扣下的"修改"，弹出图5-73右边所示的页面。分时折扣的设置有两种模式：一种是选择官方模板，官方模板对不同行业的折扣已经设置好，卖家只需选择和自己产品对应的行业即可；另一种是自定义模板，卖家可以自由设置不同时间段的折扣。

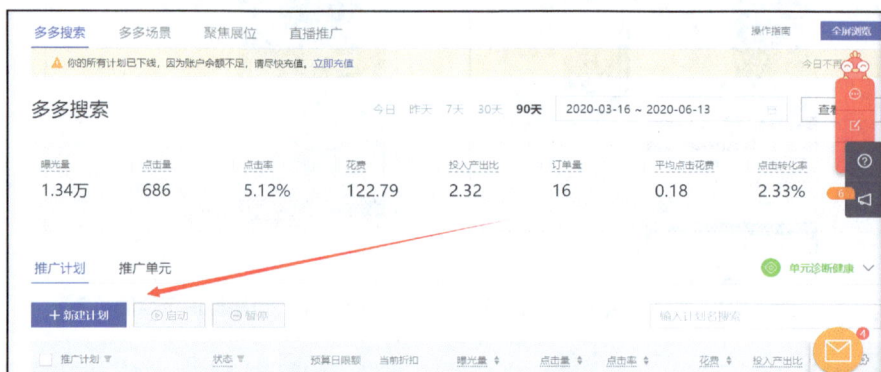

图5-72　"多多搜索"操作图

图5-73　"新建计划"操作图

在图5-73中的官方模板选择"宠物/宠物食品及用品"，就会出现如图5-74所示的页面，可以明显看出，官方已经设置好分时折扣的具体数值。

图5-74　宠物类分时折扣图

如果在图 5-73 中的官方模板选择"奶粉 / 辅食 / 营养品 / 零食"，就会出现如图 5-75 所示的页面，从图中可以明显看出零食行业的分时折扣具体数值（此处举例是为了和宠物类比较，突出不同行业的折扣）。

点击图 5-73 中的"应用"，再点击"确定"，进入图 5-76 所示"推广单元"页面。

图5-75　零食类分时折扣图

图5-76　"推广单元"示意图

在"推广单元"中点击"添加"，即可添加需要推广的商品。点击"关键词及人群"，选择精准关键词和展现人群。设置关键词及人群，是"多多搜索"最重要的操作。前文提到过，"多多搜索"的优势是精准。那么，如何保证精准？那就是选择准确的关键词及有关联的人群。

在添加需要推广的商品后，点击"关键词及人群"，进入图 5-77 所示的页面。

图 5-77 是添加关键词后的展示。一个推广计划最多允许添加 200 个关键词。

图5-77 关键词出价页面

添加关键词推广计划，有两个知识点需要卖家重视：

① 关键词的准确性；

② 关键词的溢价比例。

关键词准确，能将商品展现给更多的准用户。关键词溢价比例合适，能起到最大的展现效果。卖家把握好这两个知识点，做搜索推广所投入的钱就花得值。

那么，卖家如何知道关键词出价合理呢？

以图 5-77 中的关键词"辣白菜"为例，市场平均出价 0.42 元，建议出价 0.43 元，溢价比例为 0%。

第 1 天，我们可以按照官方建议出价 0.43 元测试一天；第 2 天，保持建议出价 0.43 元不变，提高溢价比例 10% 测试一天；第 3 天，提高出价至 0.5 元（思路就是比建议出价高一些），在溢价不变的情况下观察一天。

第 1 天是为了测试官方建议出价的效果，第 2 天是在官方建议出价的基础上测试溢价情况的效果，第 3 天是测试提高出价后的效果。根据 3 次不同情况的数据结果，用投入产出比来判断哪一次的效果好。当然，每次的时间也可以拉长，例如，每次 2 天或 3 天，测试时间长产生的数据效果更能反映问题。

图 5-77 所示页面的下方是人群溢价设置，如图 5-78 所示。

图5-78　人群溢价页面

卖家在图 5-78 中可以设置人群属性（人群决定覆盖人数）和溢价比例。人群属性是付费推广的重要维度之一，它决定了产品推广是否精准，以及人群覆盖人数的多少。

卖家设置好人群溢价后下拉页面，出现如图 5-79 所示的页面。

图 5-79 所示的是"创意设置"页面，其中有"智能创意"和"静态创意"两种模式。卖家用"多多搜索"推广，展现给买家（图 5-78 锁定的人群）看到的图就是此处卖家设置的创意图。所以，创意图就是卖家展现给买家的推广图。

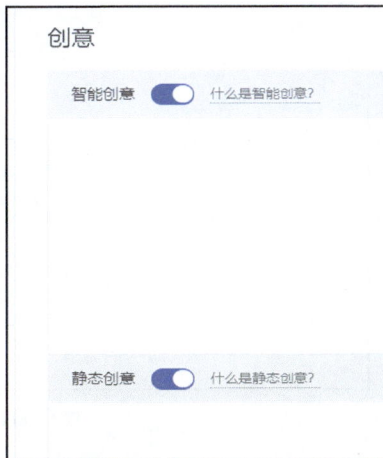

图5-79　"创意设置"页面

创意图分两种，一种是智能创意图（7张），另一种是静态创意图（4张），它们都是从产品的主图中提取的。

"智能创意图"的官方解释如图5-80所示。

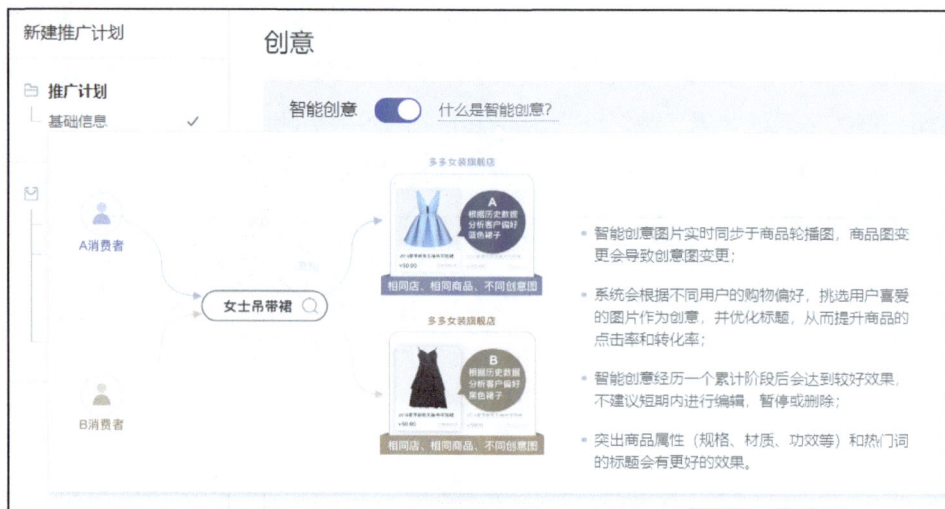

图5-80　"智能创意图"的官方解释

官方的解释冗长复杂，此处用一句话概括，就是系统会根据购物偏好及购物标签将主图推荐给更适合的买家，从而达到智能匹配的效果。

"静态创意"的官方解释如图5-81所示。

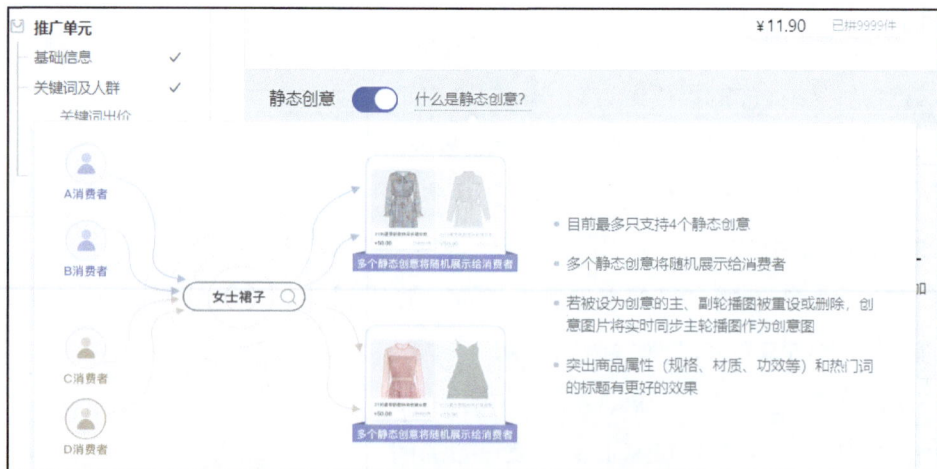

图5-81　"静态创意"的官方解释

官方的定义是多个静态创意图会随机展示4张给消费者。

卖家设置完创意图后点击"完成"按钮，至此"多多搜索"的新建推广计划就完成了。针对上面的计划，卖家可以看到在整个新建搜索推广计划的过程中都有哪些需要注意的关键点。

① 分时投放，不同时间要有侧重点。

② 关键词准确及关键词溢价合理。

③ 精准人群的溢价。

④ 能提高点击率的创意图。

卖家把握好这 4 个关键点，搜索推广计划就基本能做到高产出。

（2）多多场景

"多多搜索"是投放关键词到搜索广告位（参考图 5-63 解说的内容），引导访客点击浏览商品，进而形成转化的推广方法；"多多场景"则是投放推广商品的主图到资源位（参考图 5-64、图 5-65、图 5-66 解说的内容），引导访客点击浏览商品，进而形成转化的推广方法。

卖家理解了它们之间的这个区别，就很容易新建"多多场景"推广计划。"多多场景"和"多多搜索"新建推广计划过程一样，唯一的区别在于"多多搜索"是关键词出价，需要添加关键词，而"多多场景"则是选择资源位，如图 5-82 所示。

图5-82　"多多场景"示意图

其他设置过程，两者的方法一样。

"搜索推广"和"场景推广"还有一些其他区别，具体如下。

① 推广费用上的区别。

"搜索推广"可以限制时间、区域、关键词、溢价，从而限制推广费用，也就是推广费用可控。

"场景推广"的推广费用则相对来说不可控，一天随便花掉几千元甚至上万元是很正常的事情。

② 两种方式所获得流量的区别。

"搜索推广"因为买家是通过搜索引进来的流量，所以相对比较精准。

"场景推广"是在类目页展示，引来的流量是泛流量，量大，但不太精准。类目的热度对场景推广的流量有较大影响。

"搜索推广"和"场景推广"点击率低，怎么优化？

① 需要优化"搜索推广"标题中的关键字。

② "场景推广"的点击率低，很大原因是因为商品的主图不够吸引买家。因此，卖家要优化主图。优化主图最有效的方法是卖家多研究优秀同行的主图、价格等数据，在此基础上调整自己的主图。卖家在"场景推广"中出价的时候，价格浮动不要太大，慢慢增加的同时观察数据，这样就能发现效果好的价格节点和创意图。

（3）付费直播

"付费直播"推广的位置如图 5-83 所示。

图 5-83 中付费直播推广的商品，其主图左上方都有非常醒目直观的红色"直播中"标签。

"付费直播"推广的新建计划和"多多场景"编辑过程一样，页面的区别如图 5-84 所示。

图5-83　直播推广示意图

"直播推广"也需要设置场景资源位（因为直播也要有一个展示的位置），设置的方法和"多多场景"一样，在此不再赘述。

以上三种方法是拼多多电商（社交电商）的经典引流方法，尤其是"直播推广"

作为近年冒起的新秀，具有非常大的潜力，具有很多传统电商推广方法所不具备的优势。

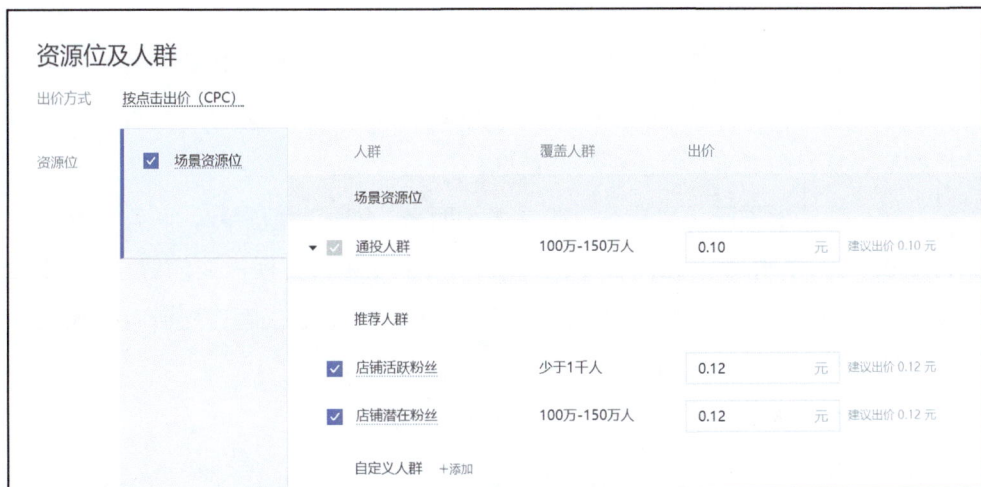

图5-84 "直播推广"资源位示意图

"直播推广"可以更直观形象地展示产品的材质原料。例如，对食品、衣服、手表、特产、工艺品、化妆品、儿童玩具等的推广，就没有比直播更好的推广方法了。

以食物为例。无论是直播吃海南椰子、宁夏石头瓜，还是陕西擀面皮、汉中热米皮，那鲜嫩多汁、含蜜似的液体，那红艳亮丽的含有芝麻粒儿的辣椒油，除了引得人嘴角流涎以外，都在告诉所有人：这是真正的好食材，只有此地产的才有这个味儿！

主播吃了一碗擀面皮后的满足感，观众隔着手机屏幕也能强烈地感受到。主播眉眼间的神情仿佛在向世界宣布："太好吃了！"而且，主播嘴角的搐动、舌头的舔舐、说话的表情、脸部肌肉的张弛都传达了对产品的评价。这些微妙的表情传递的信息让直播带货有了生命力，这种生命力才是直播能够走下去的最大底气。

传统电商的网页展示，无论如何也做不到这一点。直播电商比传统电商更有代入感、场景感、互动感。主播在镜头前直播，访客可以留言、吐槽、送礼物，也可以对比其他任何平台的价格。

直播将产品展示的方式立体化，打破了传统的平面展示。过去所有的产品推广方式没有哪一种能像直播具有这么强的娱乐性和互动性。内容是最好的广告，广告兼具娱乐性。直播融合了内容、广告、娱乐，三位一体，将产品推广发挥到了极致。

这是一种划时代的购物方式，绝对不是有些人所说的"电视购物手机化"。5G 时代的来临即将开启全民直播。凡是需要互动、体验、场景化、有代入感的产品推广，从目前看来，直播都将是首选。

为什么有些主播开通直播后，粉丝滚滚而来，销量节节攀升，而有些直播却门可罗雀、无人问津？从营销、人性、购物环境来讲，直播需要内容与众不同，需要热闹、嘻嘻哈哈的氛围。总之，直播需要用一个中心主题连接所有的视频信息，也就是要有所谓的借力点。

根据现有的直播内容，借力点主要有以下几类：

（1）才艺展示；

（2）令人大开眼界的新奇特产品；

（3）反转的剧情。

为什么没有提到降价、便宜卖货？因为产品便宜了，就赚不到钱。这种方法是一个无底洞，卖家不到万不得已不会采用。

除此之外，直播要做得好，就必须加入冲突元素。只有对比冲突，才能带来娱乐效果，才能最大化推广引流。

前文讲述的"直播推广""多多搜索""多多场景"都是付费推广，卖家后台充值付费后，系统匹配相应的资源位让产品曝光，进而产生成交。而卖家自己开通直播，自己出镜介绍产品，不利用平台的资源位，直播就不需要花钱。那么，卖家怎样开通"多多直播"呢？

"多多直播"分为电脑端直播和手机端直播，卖家使用哪个平台就开通哪个，两个入口不一样。开通"多多直播"的方法如图 5-85 所示。

在图 5-85 中点击"多多直播"，进入如图 5-86 所示的页面。

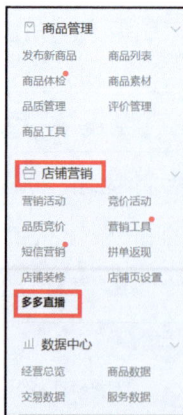

图5-85　多多直播示意图

图5-86　"多多直播"入口示意图

从图 5-86 中可以看出，开通直播有两种方法，使用电脑端直播和手机端直播。首先，笔者示范如何操作开通电脑端直播，如图 5-87 所示。

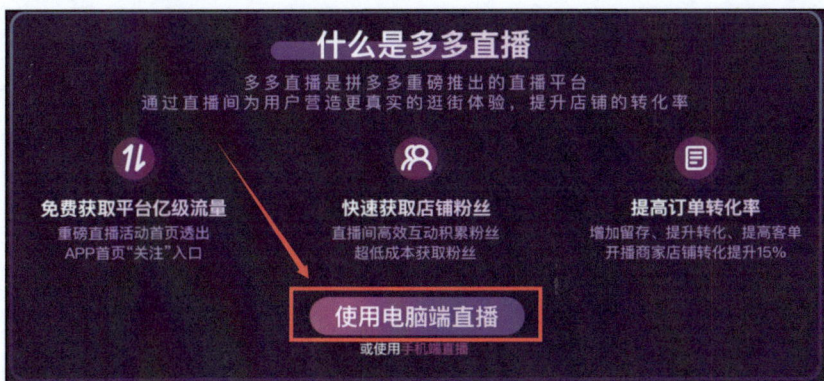

图5-87　"多多直播"电脑端入口示意图

在图 5-87 中点击"使用电脑端直播"，进入如图 5-88 所示的页面。

图5-88　"多多直播"电脑端创建示意图（1）

在图 5-88 中点击"创建直播"，进入如图 5-89 所示的页面。

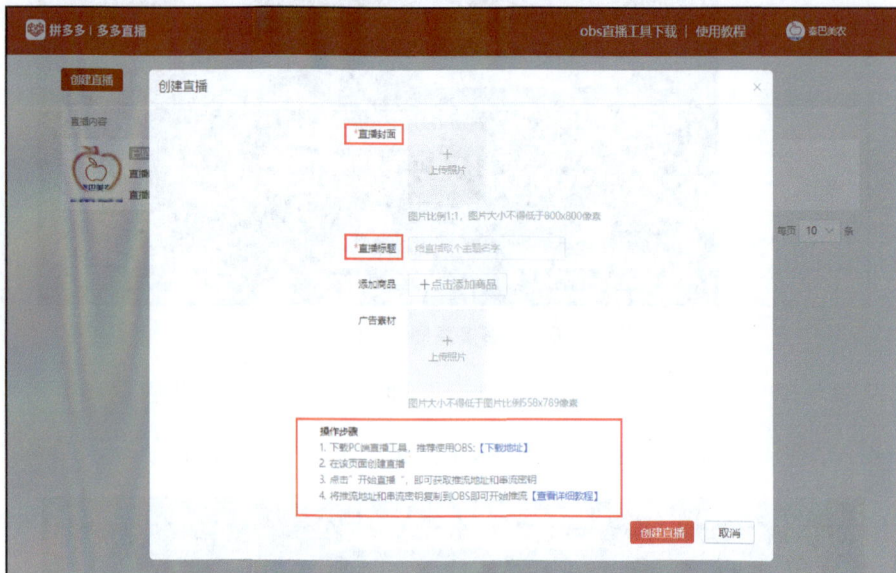

图5-89 "多多直播"电脑端创建示意图（2）

请卖家注意图 5-89 中的 3 个红框，平台要求必须严格按照要求填写。填写完成后点击"创建直播"，进入如图 5-90 所示的页面。

图 5-90 中红箭头指示处就是创建的直播计划，点击"开始直播"，卖家的主播就可以用电脑端开始直播了。

图5-90 "多多直播"开始直播示意图

接下来，笔者操作如何开通手机端直播。

卖家在手机端打开拼多多商家 App 后台，进入工具 TAB，如图 5-91 中左图所示的界面。点击"多多直播"进入图 5-91 中右图所示的界面，点击"创建直播"。

图5-91 "多多直播"开通手机版示意图

如图 5-92 所示，填写直播信息，然后点击"创建直播"，进入直播界面。至此，手机直播开通完成。

本章是卖家运营拼多多需要掌握的最重要的内容，也是卖家运营人员实践过程中接触运用最频繁的内容。每一位卖家所处的行业不同，面临的问题也就千差万别，但这些基本功都是相通的。优秀的拼多多运营人员要通过不断地实践操作，形成自己的经验，总结成自己的理论方法，只有这样才能在更多行业中立于不败之地。

图5-92 "多多直播"手机版直播开通示意图

第6章

威力巨大的拼多多活动

在 PC 端打开拼多多商家版后台，登录并找到"店铺营销"模块，如图 6-1 所示。

图6-1 "店铺营销"示意图

"店铺营销"模块下有 9 个菜单，除了"店铺装修"和"店铺页设置"，其他 7 个菜单都和营销有关系。在图 6-1 右侧，我们可以看到"我的活动""营销活动""竞价活动""品质竞价""平台招标"等菜单，这些菜单都是卖家报名参加活动的入口。

如图 6-1 所示，现在位于"营销活动"（蓝字）菜单页面，"营销活动"右边有一个数字"4"，表示有 4 个符合条件的营销活动可供卖家选择报名。例如，第一个活动"限时秒杀"，相关信息显示报名时间和已报名的商家数量，右侧有"立即报名"按钮。第三个"立即报名"按钮下有 4 个蓝字"查看更多"，卖家可以查看更多的报名活动。我们点击"查看更多"，进入图 6-2 所示的页面。

"营销活动"报名后台如图 6-2 所示，我们从图中可以看到（主要看红框示意部分）活动报名的情况。"营销活动"下面有"待处理""审核中""活动中""推荐活动"4 个分类，这是卖家查看报名活动有关信息的地方。同时，"推荐活动"给卖家提供了一个报名活动的快捷入口，使卖家报名活动比较方便。"推荐活动"

右边有"报名记录入口",这是卖家查询报名记录的地方。

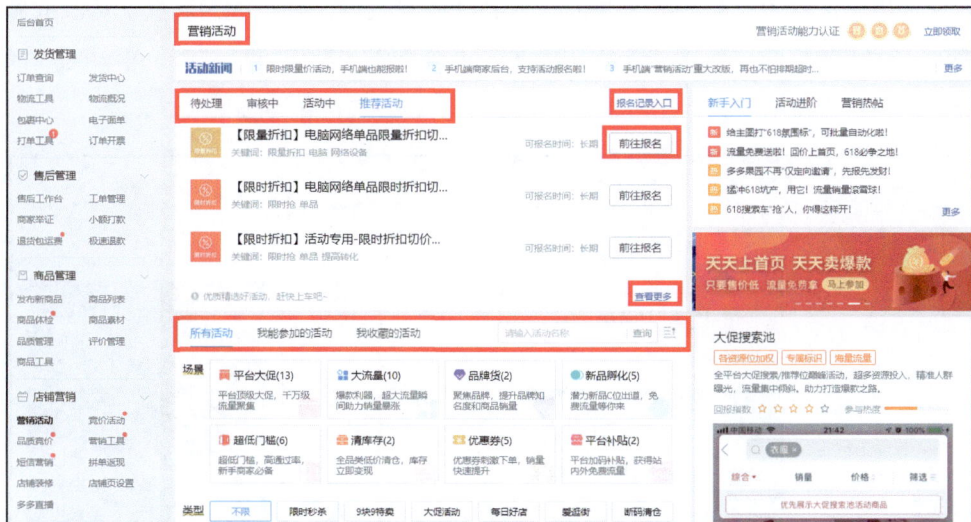

图6-2 "营销活动"报名图（1）

在图 6-2 中,拼多多平台推荐了三个活动,分别是"限量折扣""限时折扣电脑网络单品"及"限时折扣活动专用"。点击第三个活动右侧靠下的"查看更多",进入后可以查看到更多活动。

图 6-2 的中间位置（最长的红框）是报名活动的主要入口,分为"所有活动""我能报名的活动""我收藏的活动"三部分。"所有活动"分为场景和类型两大属性,通过选择场景和类型,卖家可以选到更适合自己商品的分类活动。

页面往下拉,如图 6-3、图 6-4 所示。

在这些分类活动中,对于能够报名的活动,卖家可以直接点击"去报名";对于不能够报名的活动,卖家可以收藏起来,等店铺满足这个活动的要求时再去报名。

小卖家经常会惊叹拼多多上销量超过 10 万件的大卖家是怎样炼成的,并迷恋于学习大卖家的单品爆款方法论。然而,这种想法本身就是一个伪命题。方法技巧仅仅只能应对一时,卖家要长期发展,依靠的绝对不是技巧,而是实力。

那么,什么是实力呢?

卖家在拼多多开店有三个层次。第一层次,卖家通过对拼多多平台规则的了解,在平台上推广运营自己的商品,完成一个较高的销售额。第二层次,卖家通过对商品生产环节的控制，达到控制生产链的目的，从而优化商品的生产成本。卖家在生产成本上领先同行，从而实现利润领先同行，并且因为利润优势获取领先的推广优势。第三层次，卖家和拼多多平台合作，利用平台资源。平台给卖家提供流量，卖家给平台贡献交易额，依靠平台获取用户和业绩增长。

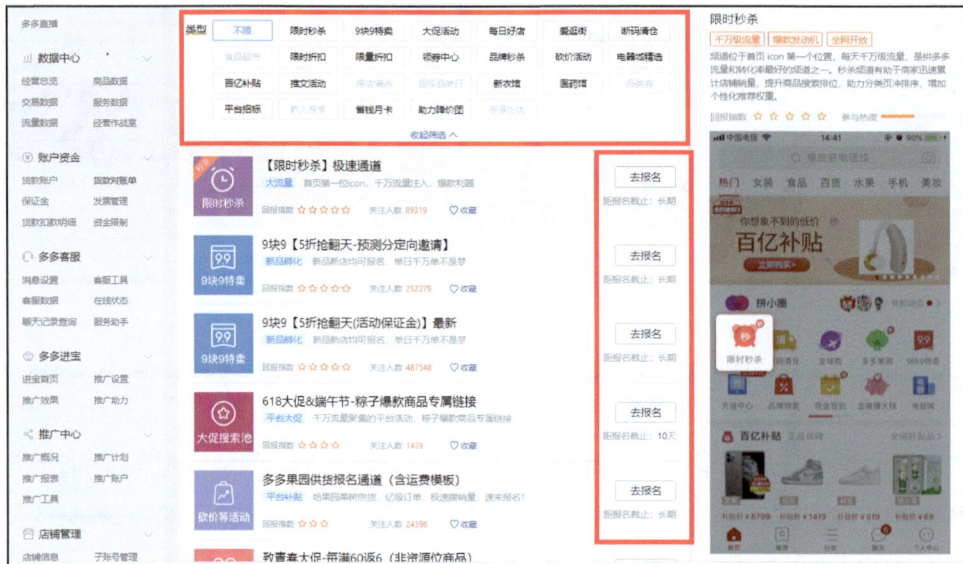

图6-3　"营销活动"报名图（2）

图6-4　"营销活动"报名图（3）

大卖家的实力体现在第二和第三层次，小卖家还在第一层次挣扎。小卖家的机会来自通过第 5 章讲述的推广技术给店铺打造稳定的基础，再通过第 6 章的报名参加活动实现要达到的销售额。卖家做好了第 6 章所讲的内容，有了基础，才能实现第二层次、第三层次的升华，成为真正的大卖家。

6.1 第一重要的人工回复率

人工回复率为什么重要？因为如果人工回复率不及格，卖家是没有机会报名参加活动的。本章开篇已经详细讲解过卖家报名参加活动的重要性，如果参加不了活动，卖家想要达成预定销售额的可能性微乎其微。

人工回复率的高低会产生如此严重的影响，却偏偏被很多卖家忽视。

如图 6-4 所示，图中有很多活动报名入口。我们随便选择一个活动，如"致青春，我耀拼"活动，点击后面的"去报名"，进入图 6-5 所示的页面。

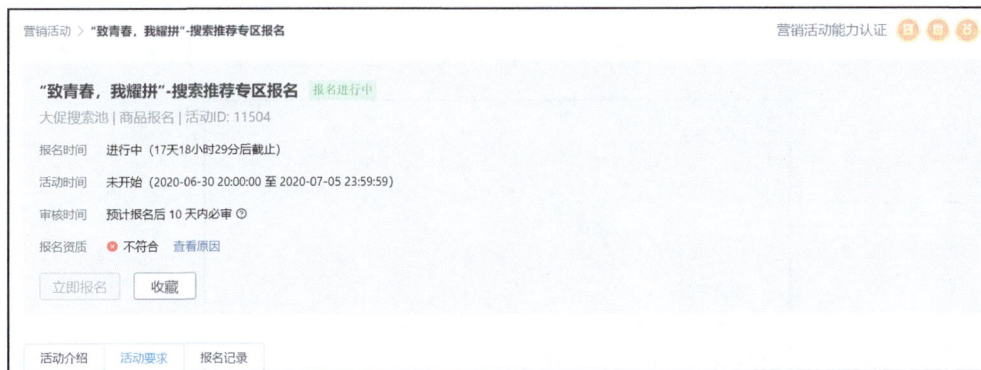

图6-5 活动报名结果示例

卖家在图 6-5 中能明显看到提示，报名资质"不符合"。点击"查看原因"或下拉活动要求页面到底部，能看到不符合活动要求的具体原因说明，如图 6-6 所示。

图 6-6 中表明，要求"店铺近 30 天 3 分钟人工回复率 > 66.67%"，而卖家不符合此项要求，点击后面的"查看详情"，平台会给出原因，是店铺回复率低于 66.67%。

图6-6　活动报名资质不符合原因说明示例

6.1.1　人工回复率的定义

进入拼多多后台，"多多客服"模块在"账户资金"模块下面，如图 6-7 所示。

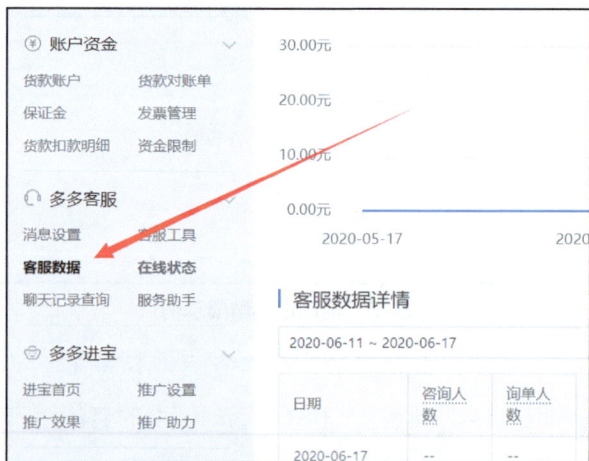

图6-7　"多多客服"位置图

点击"客服数据"菜单，进入"客服数据"页面，如图 6-8 所示。读者能看到"客服数据"包含 4 个子菜单，分别是"店铺数据""客服绩效数据""催付数据"及"机器人数据"。其中的重点内容是"店铺数据"，卖家要会看这个数据，并且通过数据有针对性地提高自己店铺的指标，达到提升店铺数据的目的。

图6-8　"客服数据"示意图

放大图 6-8 中的第二个红框，如图 6-9 所示。

图6-9　注释截图

如果图 6-9 中的这句话显示了客服回复率的重要性，那么"提升店铺 3 分钟回复率"则是第一重要指标。

对于买家的咨询，客服回复的方式有三种："系统自动回复""人工回复"及"机器人回复"。"自动回复"是不算入人工回复率的，所以只有"人工回复"和"机器人回复"算入人工回复率。为了提高人工回复率，现在大部分卖家将买家常问的问题都设置成了机器人回复。

但是，即使卖家回复了，也不一定就能符合拼多多平台的活动报名规定。这里还有一个"有效回复率"的概念，如图 6-8 中的第 3 和第 4 个红框所示的内容。

什么是"有效回复率"？拼多多规定如下：

（1）回复时间为 8:00-23:00；

（2）人工有效回复率 =（咨询商家的买家总人数 - 无效回复的买家总人数）/ 咨询商家的买家总人数 ×100%。

例如，咨询商家的买家总人数是 100，无效回复的买家总人数是 40，那么人工有效回复率就是 60%；咨询商家的买家总人数是 2000，无效回复的买家总人数是 560，那么人工有效回复率就是 72%。

卖家要把客服数据做好，需从图 6-8 中第 5 个红框的指标入手。第 5 个红框中有"客服销售额""询单转化率""3 分钟人工回复率""30 秒应答率"及"平均人工响应时长"5 个指标。"客服销售额"和"询单转化率"通过不断优化可以得到改善，但是不一定能立刻产生效果。不过，"3 分钟人工回复率""30 秒应答率""平均人工响应时长"通过调整可以得到立竿见影的效果。因此，"3 分钟人工回复率"通过人为调整是可以快速提高的。

通过分析以上内容，我们可以得出提高人工有效回复率的方法如下：

（1）在 8:00-23:00 之间，卖家使用人工客服回复和机器人回复；

（2）为了提高人工回复效率（3 分钟人工回复率），卖家将买家常问的问题都设置成机器人回复。

6.1.2　活动对回复率的要求

我们先来看三个案例。图 6-9 中提到 3 个活动，分别是"新品上新""9 块 9 特卖""爱逛街"。这 3 个活动对"近 30 天 3 分钟人工回复率"的具体要求是多少呢？下面，笔者从商家后台活动报名入口进去，通过活动指标展示加以说明。

活动一：新品上新

"新品上新"冲量活动的报名入口页面如图 6-10 所示，我们可以看到显示的报名资质是"不符合"。

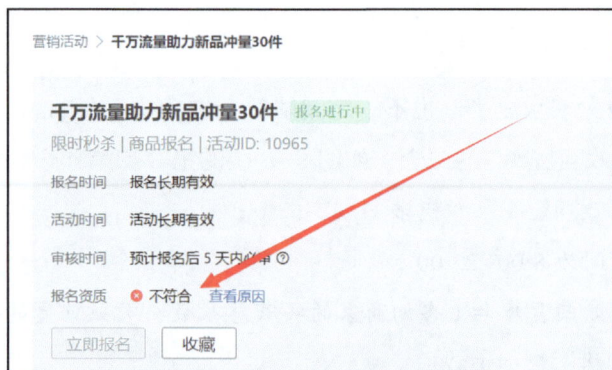

图6-10　"新品上新"活动报名结果

往下拉页面，如图 6-11 所示。

图6-11 "新品上新"活动报名资质不符合要求的原因

在图 6-11 中，我们可以看到活动要求的具体指标，其中"店铺近 30 天 3 分钟人工回复率 > 66.67%"，符合条件。也就是说，"店铺近 30 天 3 分钟人工回复率"这个要求最低要达到 66.67% 就算及格。

图 6-11 中的店铺，其人工回复率肯定大于 66.67%，所以这条数据符合条件。而不符合的 3 条分别是"店铺近 90 天描述评分 > 4.56 分""店铺近 30 天平均签收时长 < 3.28 天""要求报名的店铺必须是以下主营类目：服饰箱包、母婴玩具、运动户外"。

"新品上新"报名活动示例的这个店铺，其人工回复率达到了要求，但是其他 3 个条件没有达到。当我们强调人工回复率很重要时，有的卖家就对回复率很重视，结果导致其他方面的数据不达标。因此，卖家在做店铺时要有给买家提供优质服务的意识，这才是保持客服数据达标的根本原因。

活动二：9 块 9 特卖

运用上面的分析方法，我们很容易分析"9 块 9 特卖"活动，如图 6-12 所示。

下拉进入图 6-13 所示的页面，读者可以看到"店铺近 30 天 3 分钟人工回复率 > 66.67%"，符合条件。但有 3 个条件不符合，分别是"报

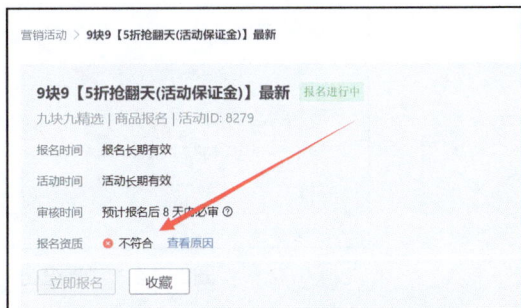

图6-12 "9块9特卖"活动报名结果

名活动必须先缴纳 5000 人民币及以上的保证金""店铺近 90 天描述评分 > 4.56 分""店铺近 30 天平均签收时长 < 3.28 天"。

图6-13 "9块9特卖"活动报名资质不符合要求的原因

"店铺近 90 天描述评分"就是店铺 DSR 评分。店铺 DSR 评分是买家收到货后对产品描述、物流服务、店铺服务质量 3 项评分合成后的统一分值。

"店铺近 30 天平均签收时长"是拼多多对买家收货时间长短的统计，这项要求考核的是卖家的发货速度。

活动三：爱逛街

"爱逛街"活动报名结果如图 6-14 所示。

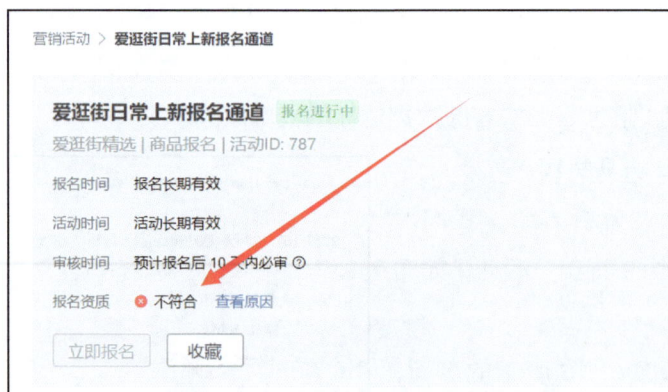

图6-14 "爱逛街"活动报名结果

在图 6-14 中，报名资质显示"不符合"。查看原因，如图 6-15 所示。

图6-15 "爱逛街"活动报名资质不符合要求的原因

在图 6-15 中，"店铺近 30 天 3 分钟人工回复率 > 66.67%"符合条件，"店铺近 90 天描述评分 > 4.56 分""店铺近 30 天平均签收时长 < 3.28 天"不符合条件。

通过对以上 3 个活动的分析，可以看出卖家的人工回复率达到多少才能报名参加活动呢？

（1）新品活动要求店铺近 30 天 3 分钟人工回复率大于 66.67%。

（2）9 块 9 特卖活动要求店铺近 30 天 3 分钟人工回复率大于 66.67%。

（3）爱逛街活动店铺近 30 天 3 分钟人工回复率大于 66.67%。

那么，是不是所有活动的人工回复率都要大于 66.67% 呢？

不一定！

我们再报名参加一个活动，如图 6-16 所示。

在图 6-16 中，报名资质显示"不符合"。查看原因，如图 6-17 所示。

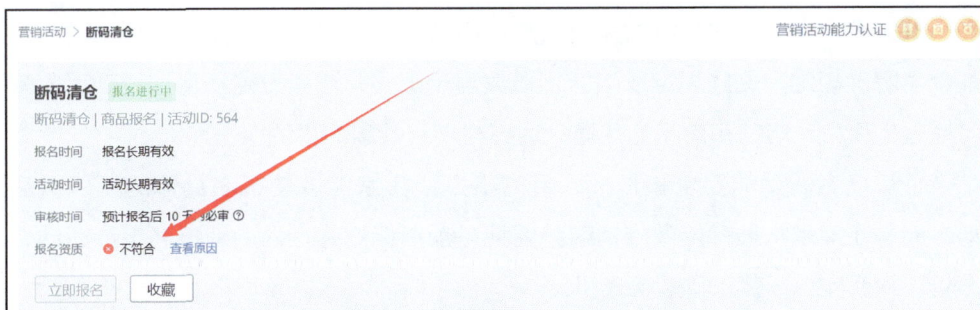

图6-16 "断码清仓"活动报名结果

从图 6-17 中可以看到，"店铺近 30 天 3 分钟人工回复率 > 71.43%"，这个活动的回复率指标比上面三个案例要求更高。

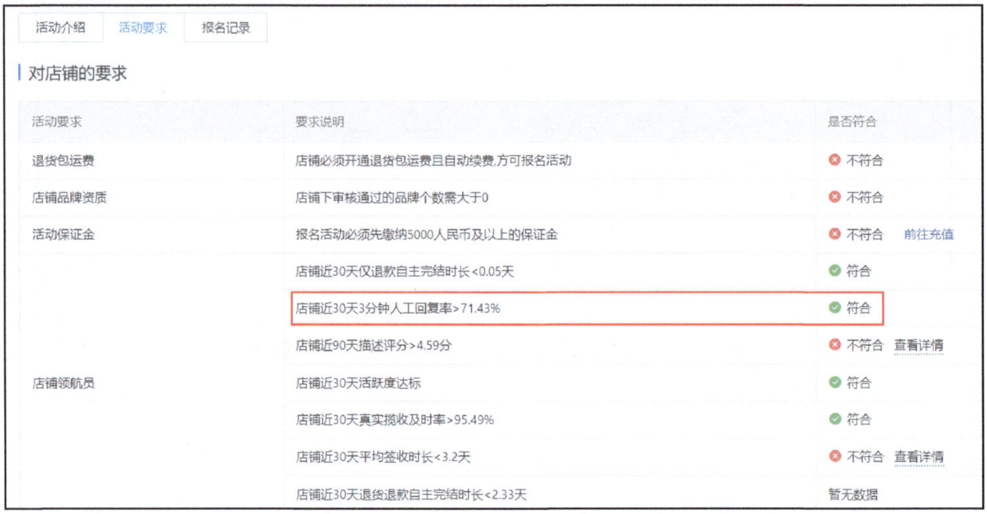

活动要求	要求说明	是否符合
退货包运费	店铺必须开通退货包运费且自动续费,方可报名活动	❌ 不符合
店铺品牌资质	店铺下审核通过的品牌个数需大于0	❌ 不符合
活动保证金	报名活动必须先缴纳5000人民币以上的保证金	❌ 不符合 前往充值
	店铺近30天仅退款自主完结时长<0.05天	✅ 符合
	店铺近30天3分钟人工回复率>71.43%	✅ 符合
	店铺近90天描述评分>4.59分	❌ 不符合 查看详情
店铺领航员	店铺近30天活跃度达标	✅ 符合
	店铺近30天真实揽收及时率>95.49%	✅ 符合
	店铺近30天平均签收时长<3.2天	❌ 不符合 查看详情
	店铺近30天退退款自主完结时长<2.33天	暂无数据

图6-17 "断码清仓"活动报名资质不符合要求的原因

因此，我们可以得出两个结论：

（1）店铺近 30 天 3 分钟人工回复率大于 66.67%，仅仅是报名一般活动的平均值；

（2）店铺近 30 天 3 分钟人工回复率大于 71.43% 是高要求的活动，优秀卖家需要达到这个分值。

6.2　报名拼多多活动的基本要求

拼多多为了让买家获得物美价廉的优质商品，对店铺和商品参加活动的要求都做了明确规定。这些规定以指标和参数展示出来，让卖家能够直接看到。卖家可通过优化自己店铺和商品的数据，达到与平台共赢的目的。

了解报名活动的要求和指标，目的不是让卖家能成功报名具体的哪一次活动，而是让卖家从最开始做店铺时就要把各项指标做好，为后续报名参加活动做准备，从而实现运营工作顺畅连贯。

拼多多平台对卖家报名参加活动有两个要求，一个是对店铺的要求，另一个是对商品的要求。本节用两个报名实例说明卖家应该从哪些方面做基础工作。

6.2.1 拼多多活动对店铺的要求

图 6-18 展示了"超级秒杀"活动的报名资质结果,显示不符合。

图6-18 "超级秒杀"活动报名结果

图 6-19 给出了活动对店铺的要求,以及不符合要求的指标。

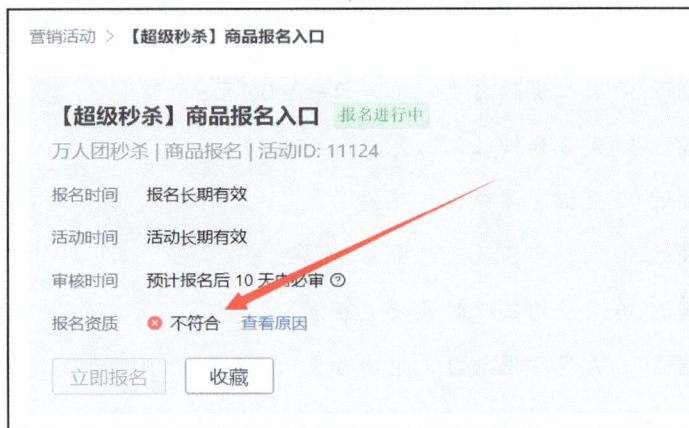

图6-19 "超级秒杀"活动报名资质不符合要求的原因

图 6-19 的左侧是活动要求的项目名称,中间是对活动要求的具体说明,右侧是对活动是否符合要求的判断。通过阅读图中的活动指标和数据,笔者整理了活动要求的具体指标,给卖家在店铺运营过程中提供指导,以便提前做好运营布局。

从图 6-19 中可以看到，"超级秒杀"活动对店铺的主要要求如下：

（1）店铺无违规行为；

（2）24 小时内活动报名次数不超过 25 次；

（3）活动保证金 5000 元；

（4）店铺近 30 天仅退款自主完结时长＜ 0.06 天；

（5）店铺近 30 天 3 分钟人工回复率＞ 66.67%；

（6）店铺近 90 天描述评分＞ 4.56 分；

（7）店铺近 30 天真实揽收及时率＞ 94.35%；

（8）店铺近 30 天平均签收时长＜ 3.28 天；

（9）店铺近 30 天退货退款自主完结时长＜ 2.6 天。

图 6-20 展示了"爱逛街日常上新"活动的报名资质结果，显示不符合。

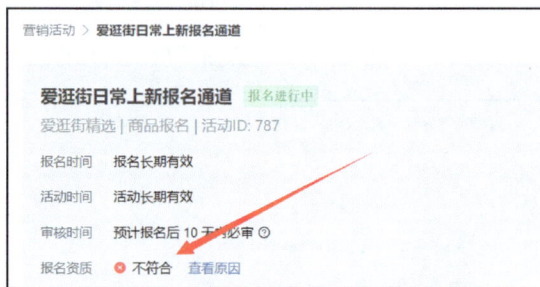

图6-20　"爱逛街日常上新"活动报名结果

图 6-21 给出了活动对店铺的要求，以及不符合要求的指标。

图6-21　"爱逛街日常上新"活动报名资质不符合要求的原因

图 6-21 的左侧是活动要求的项目名称，中间是对活动要求的具体说明，右侧是对活动是否符合要求的判断。通过阅读图中的活动指标和数据，笔者整理了活动要求的具体指标，给卖家在店铺运营过程中提供指导，以便提前做好运营布局。

从图中可以看到，"爱逛街日常上新"活动对店铺的要求如下：

（1）活动 24 小时内只能报名 1 次；

（2）店铺近 30 天仅退款自主完结时长＜ 0.06 天；

（3）店铺近 30 天 3 分钟人工回复率＞ 66.67%；

（4）店铺近 90 天描述评分＞ 4.56 分；

（5）店铺近 30 天活跃度达标；

（6）店铺近 30 天真实揽收及时率＞ 94.29%；

（7）店铺近 30 天平均签收时长＜ 3.28 天；

（8）店铺近 30 天退款退货自主完结时长＜ 2.61%。

对于图 6-19 的 11 条店铺活动要求和图 6-21 的 8 条店铺活动要求，笔者去掉容易达标的部分，摘录出有难度的部分。由此可知，拼多多实际上在告诉所有卖家，如果想参加活动，就必须重视以下规定内容：

（1）店铺不得违规；

（2）近 90 天有效评价数；

（3）缴纳保证金；

（4）近 30 天仅退款自主完结时长；

（5）近 30 天 3 分钟人工回复率；

（6）店铺近 90 天描述评分；

（7）店铺近 30 天真实揽收及时率；

（8）店铺近 30 天退款退货自主完结时长。

针对拼多多重点要求的以上 8 条规定，卖家从哪里能查看到自己店铺的具体数据是多少呢？

卖家登录拼多多后台，找到左侧模块中的"数据中心"，如图 6-22 所示。

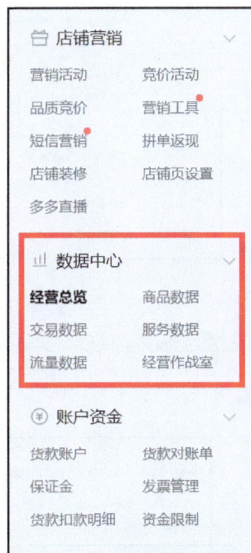

图 6-22　"数据中心"模块

"数据中心"模块下有 6 个菜单，其中和本节内容关系最密切的是"服务数据"。点击"服务数据"菜单，进入图 6-23 所示的页面。

图6-23 "服务数据"菜单页面

图 6-23 是"服务数据"菜单页面。其中有"店铺领航员""售后数据""评价数据""客服数据"4 个子菜单。图 6-24、图 6-25、图 6-26、图 6-27、图 6-28 所示，分别是这 4 个菜单的页面及相关展示。

图6-24 "店铺领航员"页面

在图 6-24 中，卖家能看到各个维度下店铺考核指标的具体分值，内容非常详细。

图6-25 "售后数据"页面

在图 6-25 中，卖家能看到售后数据的整体情况。

服务数据

店铺领航员　售后数据　评价数据　客服数据

⚠ 评价数据已由三项评分（描述相符评分、物流服务评分、服务态度评分）改为一项 店铺DSR。

评价总览(近90天) ⑦ (统计时间：2020-07-25)　　　　　　　　　　　　　　　　　　　　　　查看店铺DSR教程

店铺DSR

4.14 ⚠ 如何提升综合评分？

较前日 +0.04% ↑
超过同行2.95%的商家

■ 店铺DSR　■ 评价条数

07/20
○ 店铺DSR：4.14
○ 评价条数：79

07/11　　　07/14　　　07/17　　　07/20　　　07/23

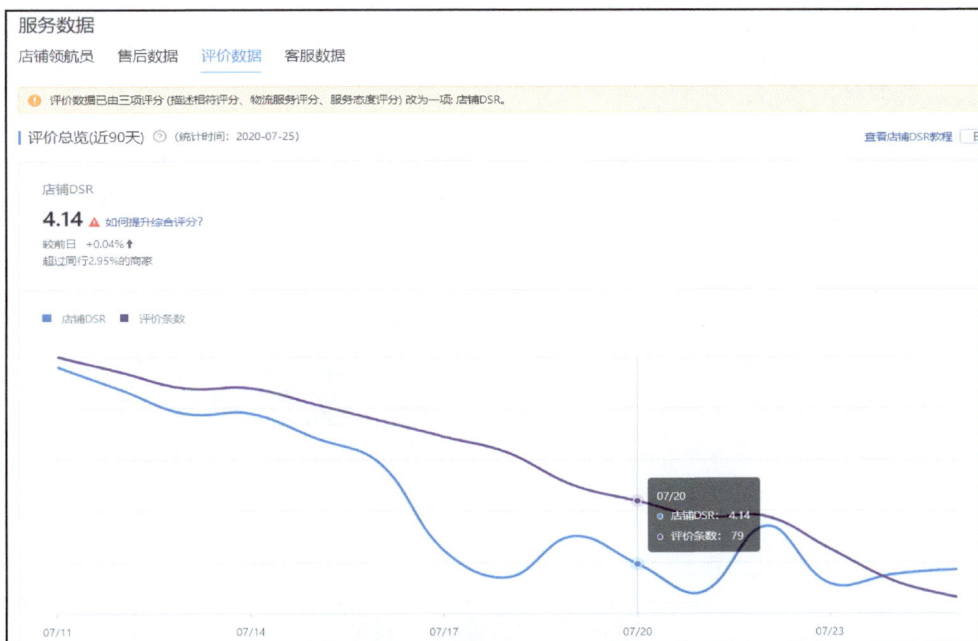

图6-26　"评价数据"页面（1）

在图 6-26 中，卖家能看到店铺 DSR 分值，以及店铺 DSR 分值和评价条数的走势；当鼠标指针放到走势图上时，卖家能看到具体日期的店铺 DSR 分值和评价条数数值。下拉至图 6-27 所示的页面，卖家能看到近 30 天的商品评价数据，还能看到每个具体商品的评价总数和 DSR 分值。

商品评价(近30天) ⑦

请输入商品ID，最多输入1个，多个ID以逗号或空格隔开　查询

商品信息	评价总数 ⇕	商品DSR ⇕	操作
	6	4.33	趋势
	4	4.00	趋势
	4	1.25	趋势
	3	3.33	趋势
	2	5.00	趋势

图6-27　"评价数据"页面（2）

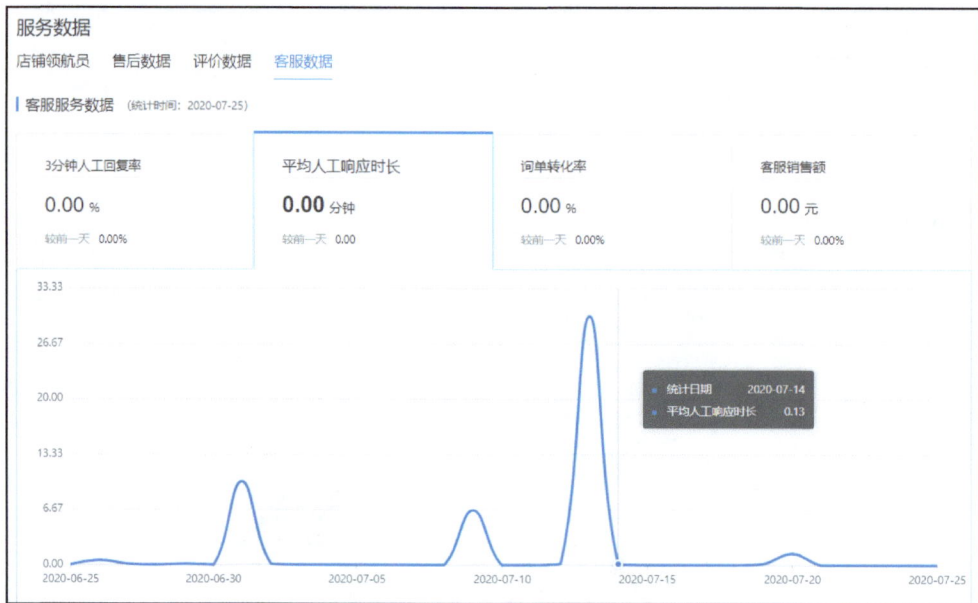

图6-28 "客服数据"页面

在图 6-28 中，卖家能看到店铺的客服数据值，其中包含"3 分钟人工回复率""平均人工响应时长""询单转化率""客服销售额"4 种数据的详细数值。同时，在具体数据下方还有对应的数据变化折线图，当鼠标指针放在折线上时，可以显示具体日期的数值。

返回图 6-21，卖家从中能看到报名活动对"店铺领航员"的 7 条要求。而图 6-24 中的"店铺表现"栏对相应的要求都给出了具体的分值，这就很直观地解释了卖家是否符合活动要求，并能一一对应。卖家也能通过这些数据优化自己的店铺指标，从而有的放矢地解决问题。

然而，大部分卖家不可能每天盯着数据，然后想着怎样提高数据。看数据是不可能玩出花来的，做好产品和服务才是根本。这时，卖家应该怎么办？

前面提到过拼多多卖家为了报名活动必须遵守的 8 条规定，笔者化繁为简，提炼了卖家运营拼多多店铺需要掌握的 3 条基本原则：

（1）决不违规；

（2）做好评价；

（3）做好服务。

卖家只要按照这 3 条原则运营店铺，就能保证店铺的数据指标符合活动要求。

而且，这3条原则是卖家很容易遵守和实践的。

6.2.2 拼多多活动对商品的要求

上一小节通过图6-18和图6-20展示的两个活动，分析了拼多多活动对店铺的要求，接下来分析拼多多活动对商品的要求。

对商品的要求		
活动要求	要求说明	是否符合
商品类目要求	食品饮料;美容护肤/精油;母婴玩具;虚拟商品;水果生鲜;数码电器;女装;男装;西服/西裤;羽绒服;套装;背心/马甲;风衣;夹克;棉裤;衬衫;羽绒裤;T恤;毛呢大衣;棉衣;针织衫/毛衣;民族服装;牛仔裤;POLO衫;皮裤;皮衣;卫衣;休闲裤;饰品首饰/女鞋;男鞋;箱包;健身;厨房用品;家庭清洁;洗护纸品;居家日用;收纳整理;宠物用品;床上用品;布艺家饰;汽车用品;腕表眼镜;珠宝黄金;服饰配件;个护美体;彩妆/香水/美妆工具;家居饰品;成人用品;鲜花园艺;住宅家具;运动;家居建材;五金工具特...展开	报名时检测
商品近30天用户评价得分	报名商品需符合所在商品三级类目最低要求	报名时检测
商品近期在资源位DSR表现	商品近30天不存在因dsr表现不佳被淘汰出资源位的情况	报名时检测
商品活动价价格区间限制	活动价要求在5.5元~5.5元之间，请调整活动价后再报名	报名时检测
商品编辑中	报名时商品不能在编辑中状态	报名时检测

图6-29 "超级秒杀"活动对商品的要求

图6-29中左侧红框里的内容是"超级秒杀"活动对商品的要求，中间部分是要求说明，右侧部分是对商品是否符合要求的判定。卖家从该图可以看到"超级秒杀"活动对商品的要求如下：

（1）商品类目符合活动要求；

（2）商品近30天的用户评价得分符合商品三级类目最低要求；

（3）资源位DSR表现佳；

（4）价格要求在5.5～5.5元之间；

（5）商品不能在编辑中。

图6-30中左侧部分是"爱逛街日常上新"活动对商品的要求，中间部分是要求说明，右侧部分是对商品是否符合要求的判定。卖家从该图可以看到"爱逛街日常上新"活动对商品的要求如下：

（1）库存大于500件；

（2）线上团购价不允许有区间；

（3）商品累计成团订单量最低30单；

对商品的要求		
活动要求	要求说明	是否符合
商品线上库存	商品线上库存要求大于500件	报名时检测
商品团购价要求	商品团购价不允许有区间	报名时检测
商品累计成团订单量	截止报名前一天商品累计成团订单量最低要求30单	报名时检测
商品活动价要求	商品活动价不允许有区间	报名时检测
限制资源位商品报名	爱逛街资源位的商品，不允许报名当前活动	报名时检测
商品类目要求	个人护理保健:各类配件,清洁美容工具,口腔护理,按摩器材,美容/美体辅助工具,美发工具,美体塑身,家用保健器材,经络保健器材,家用护理辅助器材,其他个人护理,家庭保健流行男鞋,低帮鞋,帆布鞋,高帮鞋,凉鞋,拖鞋,靴子,雨靴女鞋:低帮鞋,帆布鞋,高帮鞋,凉鞋,拖鞋,靴子,雨靴箱包皮具/女包/男包:卡包,卡套,旅行袋,旅行箱,男包,女包,钱包,手机包,双肩包,箱包相关配件,钥匙包,证件包内衣裤袜:保暖裤,保暖上装,保暖套装,插片/胸垫,搭扣,吊带/背心/T恤,吊袜带,肚兜,肩带,抹胸...展开	报名时检测
商品近30天用户评价得分	报名商品需符合所在商品三级类目最低要求	报名时检测
商品编辑中	报名时商品不能在编辑中状态	报名时检测
商品存在违规	活动期间商品不存在违规行为	报名时检测

图6-30　"爱逛街日常上新"活动对商品的要求

（4）商品活动价要求不允许有区间；

（5）限制资源位商品报名；

（6）商品要求符合类目要求；

（7）商品近30的用户评价得分符合所在商品三级类目最低要求；

（8）商品不能在编辑中；

（9）商品不存在违规。

拼多多活动对店铺和商品的要求的最大区别在于，店铺是否符合活动要求有明确的分值指标判定结果，而商品是否符合活动要求则是在报名时检测。因此，店铺是否符合要求，拼多多系统给出的明确的数值指标就像一把尺子，卖家可以用这把尺子去"量一量"自己的店铺是否达标。如果没达标，卖家就优化那些需要达标的分值即可，等待分值提高后再报名。而商品是否符合要求，由于报名时才检测，卖家就要提前了解活动要求，知道哪些要求不容易达成，做好准备工作以防报名时审核不通过。

根据图6-29中的5条商品活动要求和图6-30中的9条商品活动要求，笔者去掉容易达成的指标，精简出有难度的指标。

关于商品的重点指标，拼多多规定如下：

（1）商品评价好；

（2）商品 DSR 分值高；

（3）商品团购价格不允许有区间；

（4）商品成团数量达标；

（5）商品活动价不允许有区间；

（6）商品无违规。

针对拼多多活动重点指标的规定，简化后就是"商品评价好""商品价格不允许有区间""商品销量达标""商品无违规"。这些信息除了"商品无违规"在详情页没有展现，其他 4 点在卖家的详情页部分都能看到。

优化商品活动要求的这 4 点的方法，上文曾有提及。

关于评价，卖家可以参考本书给出的评价方法，同时发散思维，结合自己的产品做出更实用的评价晒图；价格是否符合活动要求（一般活动都要求降价），只要不亏本，卖家应按照平台的要求进行定价；商品销量，通过 5.3 节提供的"三种补单方法"就可以达成；商品无违规，只要多了解平台规则就能达成。

至此，拼多多活动对商品的要求，我们也解决了。通过以上分析总结，卖家可以知道在拼多多平台做好活动的发力点。

（1）遵守平台规则

笔者在前面多次提到过遵守平台规则的方法：一是拼多多后台会有很多课程供卖家学习，通过学习避免违规；二是卖家对产品要做调整时，可以参考同行有没有做，通过横向对比解决问题。

（2）做好评价

如果仅仅靠买家自主评价，结果是渺茫和不可预料的。卖家要做的重点工作之一就是将这种不确定的结果变为确定，因此可以采取一些技巧。笔者在此提供一个获取评价的方法，抛砖引玉，供读者开拓思路。

卖家可以在买家收货的快递盒里放一张纸条，纸条上的文案如下。

写好评，赢免单

活动内容：好评后，活动日期内如果获得××点赞（或好评能在首页前×位保留××天），即可免单。详情咨询客服×××。

活动日期：××年××月××日至××年××月××日

温馨提示：写"好评价"的方法。①评价20字以上；②提供1个视频、3张图。展示更多，效果更好哦！

上述活动内容中的"好评获得××点赞"或"好评能在首页前×位"两种方式，做文案的时候只用一种就可以。用一种方法利于实施，买家更容易操作，卖家也易于判断结果。

如果是低客单价产品，名额可以是几十上百个，活动结束后根据结果打款给符合条件的买家（微信或支付宝）。如果是高客单价产品，名额可以设置少一些（如1~10个）；或者送和产品相关联的配件之类的必需品，让买家得到实惠。以上方法仅供卖家开拓思路（当然也具有很强的实操性），读者需要举一反三，发现更多好方法。

（3）做好服务

根据笔者的经验，卖家不是做不好服务，而是不重视。

我们现在说的服务包含退货退款、人工回复、发货速度。这3项服务并不需要多么高超的技术，需要的仅仅是卖家的耐心和用心。卖家回复买家咨询的速度，3分钟内回复和半小时内回复产生的影响大到卖家不敢想象（回复速度慢是拼多多初次经营者都会犯的错误之一）。

关于发货速度，理论上当天能发走的尽量当天发走（例如，当天17点以前的订单一定发走）。一些卖家会不以为然，人为地拖延到第二天发货，这意味着店铺物流速度揽收及时率会不达标。

好的服务不是一天形成的，这种或好或坏的积累效果造成了报名活动时指标分值是否符合要求。

这些细节的落实决定了最后的结果，归根结底这是店铺运营思维意识问题。本章就是希望通过强化卖家的思维意识，达到运营好拼多多店铺的目的。

6.3 活动报名实操

本节的目的是让卖家了解两个方面的内容：一方面是如何报名参加活动；另一方面是报名参加活动遇到问题如何解决，如何达到报名条件。

6.3.1 活动报名实操流程详细解读

进入拼多多后台，点击"店铺营销"，点击"营销活动"，进入图 6-31 所示的页面。

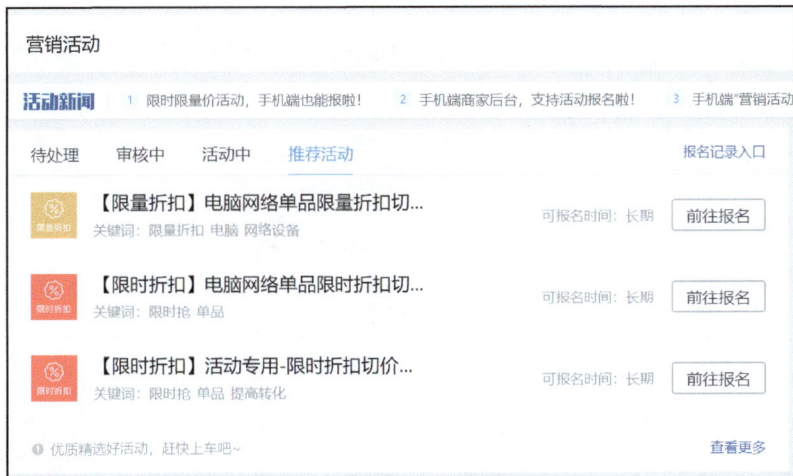

图6-31 "推荐活动"页面（1）

卖家在图 6-31 中能看到"推荐活动"栏目下有 3 个活动，这是拼多多系统自动推荐的符合活动条件的报名入口。"推荐活动"是参加活动的第 1 个入口。将图 6-31 页面往下拉，到如图 6-32 所示的页面。

图6-32 "推荐活动"页面（2）

在图6-32中点击"我能参加的活动"，出现了3个活动（其实下面还有很多个活动，限于篇幅，仅截取部分）。"我能参加的活动"是参加活动的第2个入口。

图6-31和图6-32显示的都是符合条件的活动。点击图6-32中第1个活动"限时折扣切价"右侧的"去报名"，进入图6-33所示的页面。

在图6-33中，卖家能看到"立即报名"显示蓝色，"报名资质"后面显示符合，这是店铺符合活动报名要求

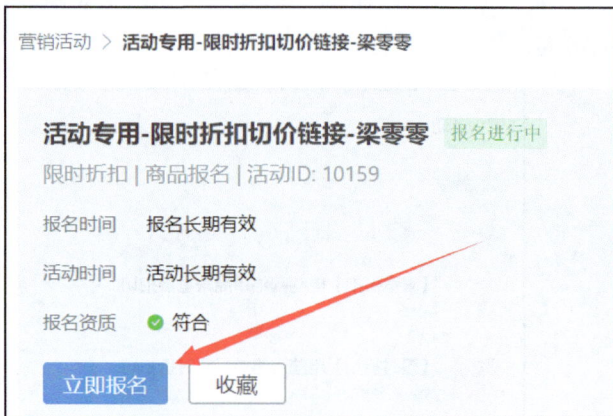

图6-33　"活动报名"结果示例

的提示。点击"立即报名"，进入图6-34所示的页面。

图6-34　"活动报名"符合要求后的操作页面

图6-34是报名流程步骤。

第一步，选择活动商品。这里卖家要注意的是"可参与活动的商品"会自动出现，只需要选择哪几个商品参与活动就可以了。

第二步，填写报名信息。

第三步，报名成功。

这里笔者以"限时折扣切价"活动操作流程为例，让卖家了解报名的具体过程，并且知道报名参加活动其实是一件很简单的事情，从而增加参与活动的信心。

然而，并不是所有的活动，卖家都能顺利报名成功。有一些活动，卖家觉得很有必要参加，但是店铺条件不符合。这时的问题怎么解决？

笔者继续使用案例来说明。以图 6-18 中的"超级秒杀"活动为例,笔者进行报名实操。在图 6-32 中找到"所有活动",点击"限时秒杀",找到"超级秒杀"活动,如图 6-35 所示。

在"超级秒杀"右侧点击"去报名",进入报名页面,如图 6-36 所示。

在图 6-36 中,卖家能看到"立即报名"显示灰色,

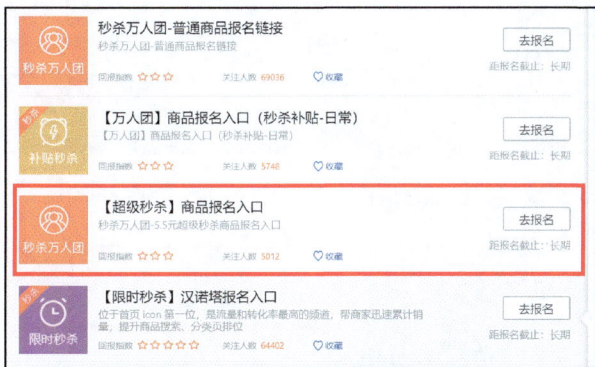

图6-35 "超级秒杀"活动报名入口

"报名资质"后面显示不符合。点击"查看原因",进入图 6-37 所示的页面。

图6-36 "超级秒杀"活动报名结果

卖家在图 6-37 中能看到店铺不符合本次活动的报名要求,原因分别是未缴纳保证金 5000 元和店铺领航员不符合报名要求。点击图 6-37 中下方红框指示的"活动要求",进入图 6-38 所示的页面。

图 6-38 给出了更明确的活动要求。活动要求中除了保证金 5000 元以外,店铺领航员的 7 条要求中,本店铺有两个要求不符合,分别是店铺近 90 天描述评分和店铺近 30 天平均签收时长。

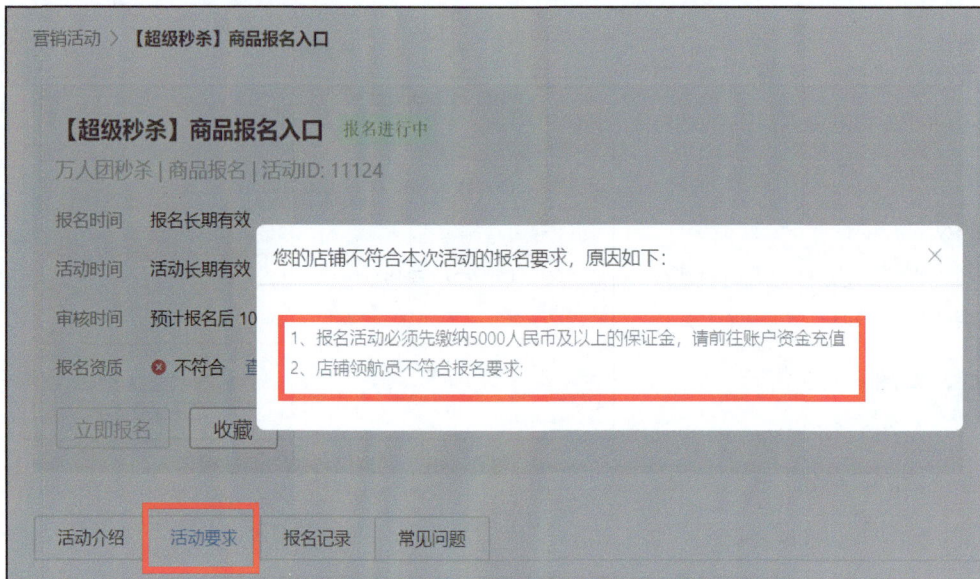

图6-37 "超级秒杀"活动报名不符合要求的原因提示

图6-38 "超级秒杀"活动报名不符合要求的具体原因

拼多多平台要求店铺近90天描述评分大于4.56分，图6-38中的店铺分值为4.31分。鼠标放至"店铺近90天描述评分 >4.56分"右侧的"查看详情"即可出现数值，如图6-39所示。

拼多多平台要求店铺近30天平均签收时长小于3.28天，而图6-38中的店铺分值为 3.32 天。鼠标放至"店铺近 30 天平均签收时长 <3.28 天"右侧的"查看详情"即可出现数值，如图 6-40 所示。

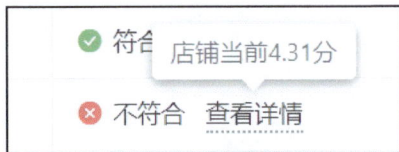

图6-39　查看店铺评分　　　　　图6-40　查看签收时长

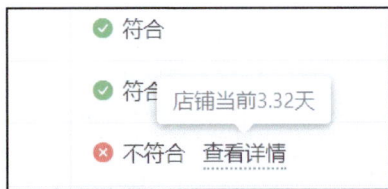

由此可见，4.31 分和 4.56 分，3.32 天和 3.28 天，店铺这两个指标数值都低于活动要求，从而决定了店铺无法参与活动。这些很微小的分值差距可能就是几十单货发货速度慢了一天或半天造成的。发货速度慢导致签收时间变长，进而导致买家给出的评分低，店铺评分也低。

图 6-20 展示了"爱逛街日常上新"活动（以下简称"爱逛街"）的报名结果，笔者仍以"爱逛街"活动为例，看看它的活动要求，如图 6-41 所示。

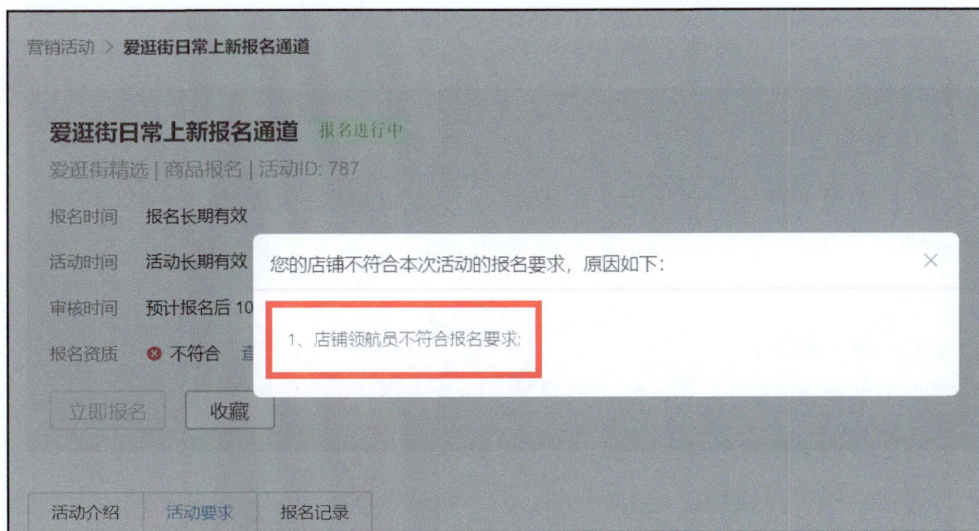

图6-41　"爱逛街"活动报名不符合要求的原因

在图 6-41 中可以看到，店铺领航员不符合报名要求。点击"活动要求"，具体活动要求明细如图 6-42 所示。

图 6-42 中有两个地方不符合要求，分别是店铺近 90 天描述评分和店铺近 30 天平均签收时长。这两个不符合活动要求的原因和图 6-38 所示的案例"超级

秒杀"如出一辙，具体原因可以参照图 6-39 和图 6-40 的分析结果。

图6-42 "爱逛街"活动报名具体要求及店铺符合情况

6.3.2 达到报名条件的四个关键点

通过上节的报名实操，我们能看到报名活动过程并没有难度，难度在于店铺和商品的数据分值是否符合活动要求。而不符合要求的焦点主要集中在评价和服务两方面。

如何做好店铺和商品的评价服务，6.2 节已经有具体的叙述，总结起来有四个关键点：

（1）不要违规；

（2）做好评价；

（3）做好服务；

（4）保持积极的态度。

这四个关键点虽然只有 19 个字，但是内容很丰富。报名活动对店铺发展事关重大，卖家只有付出满腔的热情，并且持之以恒地努力，才能做出比其他人好的成绩，在拼多多拥有自己的一席之地。

第7章

高转化率的客服回复技巧

笔者在 6.1 节中讲述了人工回复率的定义和活动对回复率的要求，旨在说明人工回复率对报名参加活动的重要性。本章将讲述卖家工作人员该怎样做好客服工作，成为一个优秀的客服。

卖家进入拼多多后台，找到"多多客服"模块，如图 7-1 所示。

点击"客服数据"，进入如图 7-2 所示的页面。

图 7-2 展示了 8 种重点数据，分别是"客服销售额""客服可提升销售额""询单转化

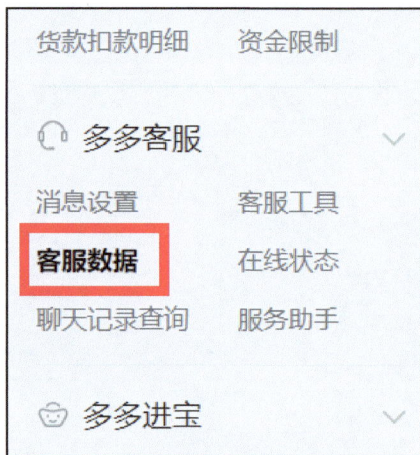

图7-1　"客服数据"所在的位置

率""3 分钟人工回复率""30 秒应答率""平均人工响应时长""评分 ≤ 3 订单数"及"纠纷退款数"。这 8 种数据中，"客服销售额""客服可提升销售额""询单转化率""评分 ≤ 3 订单数""纠纷退款数"是无法直接控制的，卖家只能不断优化提高这 5 个指标。而对于"3 分钟人工回复率""30 秒应答率""平均人工响应时长"这 3 个与客服相关的问题，卖家可以通过人工办法控制，做到超出活动要求的水平。

图7-2　"客服数据"后台页面

7.1 一定要达成的回复率

本章讲述的回复率通常是指人工回复率。卖家之所以不重视回复率，原因就在于不知道回复率不达标对自己的店铺有什么严重影响。实际上，回复率是否达标会对卖家产生以下影响。

（1）卖家的回复率不达标，有很多活动无法报名参加。

买家一般咨询的问题无非是产品怎么样、物流发货时间、如何选择产品尺寸大小、售后退换货等。拼多多客服咨询也分为 4 种回答，分别是产品质量问题、物流及时性问题、选择建议、退货或补寄问题。卖家只要提前准备好答案，回答这样的问题就是很轻松的事情。但是，很多卖家仍然不重视，导致无法报名参加活动。卖家要知道，日出千单只有报名参加活动才能实现。

（2）回复率达标是卖家用最小代价超越对手的有效方法。

笔者通过对不同卖家的店铺咨询验证发现，业绩做得越好的店铺，其客服回复工作也做得越好。反之，新手或小卖家对客服回复工作就不怎么重视。其实，客服回复率对于新手或小卖家更重要，因为新店更需要参加活动卖货。小卖家只有把回复率数据做好，才能有资格参加活动，把新店快速做起来，在短时间内超越对手。

（3）回复率达标能提高下单转化率。

买家网购看不到实物，所以沟通就会显得特别重要。如果卖家能及时地回复买家的咨询，成单自然会多。卖家运营拼多多店铺，回复率做得好，前面就是坦荡大道，一往无前；回复率做不好，前面就是千沟万壑，举步维艰。

7.1.1 计算回复率的方法

拼多多官方对"3 分钟人工回复率""30 秒应答率""平均人工响应时长"的定义如下。

（1）3 分钟人工回复率 =（咨询人数 −3 分钟未人工回复累计人数）/ 咨询人数。

注意：

① 咨询时间仅计 8:00-23:00；

② 用户有任一条消息超过 3 分钟未收到人工回复，则该用户计入 3 分钟未

人工回复人数。

（2）30秒应答率：在 8:00—23:00 期间，对于买家发出的所有消息，卖家客服在 30 秒内做出人工回复的百分比。

（3）平均人工响应时长：在 8:00—23:00 期间，买家从每次发消息到卖家客服做出人工回复所等待的平均时长。

7.1.2　完成回复率的方法

人工回复包括人工客服回复和机器人回复。因此，不管是人工客服回复，还是机器人回复，拼多多都视为有效回复。从卖家做生意的实际角度考虑，肯定是少用人工客服、多用机器人更划算。毕竟，人工客服的成本每个月都是支出，而机器人则是免费的。但是，在实际工作中，机器人无法完成所有的事情。所以，更实际的解决方案是人工客服和机器人共同处理买家的咨询，一般问题由机器人回答，特殊问题则由人工客服处理。

通过以上分析，卖家为了完成拼多多平台对回复率的要求，要解决的问题也就变成了"拼多多后台客服机器人如何设置"和"如何用礼貌得体的语言回答买家咨询以提高转化"这两个问题。

7.2　巧用多多机器人回复

拼多多的机器人回复功能解放了卖家客服人员的双手，让卖家客服人员在一定的时间范围内可以不用因为没有及时回复买家的问题而担心。

点击图 7-1 中的"客服数据"，进入图 7-2 中的"客服数据"后台页面，再点击"机器人数据"，进入如图 7-3 所示的页面。

在图 7-3 中，卖家能看到"点击量""点击人数"的折线图数据。在页面下方的"数据"位置，卖家还能看到"问题""点击次数""点击人数"及"人均点击次数"等指标的详细数值。本节不研究具体数值，但是卖家要知道它在什么位置、有什么功能，以便后面需要用时能快速查找。

在图 7-3 中红箭头指向的位置，卖家能看到"修改机器人回复"的蓝字，点击蓝字就会进入"修改机器人回复"的页面。本节要解决的问题就是如何修改机器人回复，通过机器人自动回复达到提高回复效率的目的。

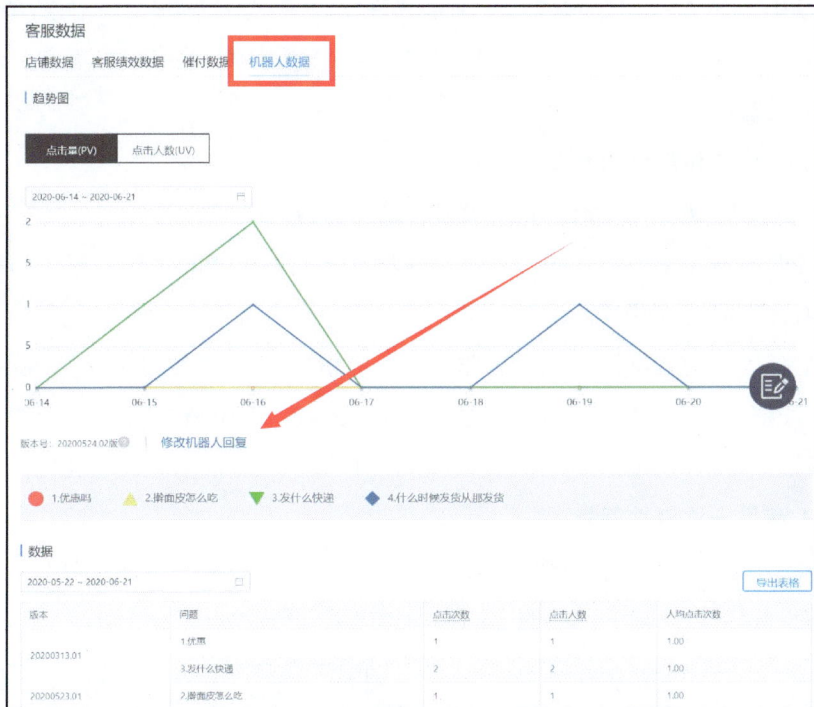

图7-3 "机器人数据"后台页面

7.2.1 设置自动回复的方法

在图 7-3 中点击红色箭头处"修改机器人回复"，进入图 7-4 所示的页面。

图7-4 "消息设置"后台页面

图 7-4 是"消息设置"的后台页面，也就是机器人回复给买家话语的设置页面。卖家能看到 4 种回复方式，分别是"开场白和常见问题""商品卡片自动回复""离线自动回复"及"订单自动回复"。针对这 4 种问答场景，卖家要设置相应的自动回答用语。

（1）开场白和常见问题

这是两个问题，即开场白的设置和常见问题的设置。

开场白就是买家点击客服图标，进入和客服对话页面时弹出的第一句话，如图 7-5 中红框所示的文案。

买家开场白中的常见问题，无非是"能优惠吗""什么时候发货""发什么快递""几天能够收到""是正品吗"之类。编辑开场白的位置在图 7-4 中"开场白文案"下的方框内。同时，卖家可以在图 7-4 中"常见问题"下添加自定义问题。

（2）商品卡片自动回复

"商品卡片自动回复"可帮助买家快速了解该商品的相关信息，即当买家咨询卖家已设置过自动回复的商品时自动弹出相应的回复，如图 7-6 所示。

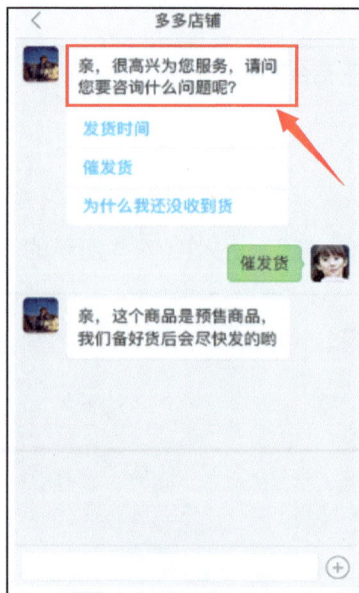

图7-5 "开场白"示例

图7-6 商品卡片自动回复示例

"商品卡片自动回复"的位置如图 7-7 所示，点击右侧红色矩形"添加回复"，就可以添加相应商品的自动回复文案。

图7-7　添加商品的自动回复文案

（3）离线自动回复

如果客服处于离线状态，无法回复买家的咨询，那么卖家设置离线自动回复就可以解决咨询问题，如图 7-8 所示。

图7-8　离线自动回复设置

（4）订单自动回复

当买家咨询订单时，"订单自动回复"功能会弹出已经设置好的相应文案，如图 7-9 所示。

图7-9　订单自动回复示例

"订单自动回复"功能编辑位置如图7-10所示。

图7-10　编辑"订单自动回复"

以上是机器人自动回复的前台显示和设置自动回复的方法，卖家只要操作一遍就可以明白如何使用。为什么只有勤奋的卖家才能做好拼多多，就是因为他们对这些有价值的细节工作付出了努力。

7.2.2　自动回复的话术

重视自动回复工作的卖家经常会优化回复话术，精炼出一套适合自己商品的话语。而另一些不重视回复语的卖家，他们的回复往往是敷衍了事。笔者通过以下实例来说明自动回复应该如何做，才能给买家带来贴心问候，让买家放心购物。

下面讲述的案例不一定是最优的，却是经过实践验证有效的。卖家可以根据这些案例适当调整、修改成适合自己店铺的话术，以提高客服服务数据。如果能做到这样，这一章的目的也就达到了。

（1）开场白和常见问题话术

开场白文案如下。

亲，您好，欢迎光临本店。

常见问题话术如下。

买家：优惠吗？

卖家：亲，实在抱歉，本店所有商品都是特价，不能再优惠了！

买家：发什么快递？

卖家：亲，我们默认发××快递或××快递，暂时不发其他快递，给您带来不便，请多多谅解！

买家：什么时候发货？从哪发货？

卖家：亲，下单商品全部从××发货，我们会在××小时内完成发货。谢谢您的理解和支持！

（2）商品卡片自动回复

以食品为例，笔者给出以下几种自动回复文案供参考。

第一种：

亲，××的×××比较劲道，有什么问题需要咨询吗？

第二种：

亲，×××都是当天早上现做的，当天发货，常温保质期30天，放冰箱保鲜保存45天。我们的×××发货包装自带料包并送面筋。×××由于是真空包装，所以是粘在一起的，需要用开水泡一下才能散开。散开后用凉开水过一次或放凉就可以放料食用了。如不知如何食用，请看包装箱里的食用说明。

第三种：

亲，×××为整10张抽真空装。本包装对于饭量小的人可以吃10次，量大的人可以吃5次。您食用时，拆开真空袋，拿出×××放到案板上，按自己的量切成条状（任意形状都可以，自己决定），然后把切好的×××放到锅里面蒸5～10分钟，想吃软点就多蒸一会，蒸好后就可以放调料食用了。×××本来就是偏硬口感食用，吃的就是劲道，如果一次食用不完，剩下的直接用真空袋装好或用保鲜膜包好放冰箱冷藏即可。放冰箱可以质保30天，切记不能冷冻。

（3）离线自动回复

店铺离线自动回复文案的案例如下。

亲，本店开始复工了，由于人员不齐，现在货物发货时间比较慢，请大家理解。

（4）订单自动回复

卖家对订单的自动回复按照4种状态来处理，分别是"未发货未申请售后""已

发货未申请售后""已申请售后"及"其他状态"。不同状态下的自动回复话术如表 7-1 所示。

表7-1　订单自动回复话术表

序号	订单状态	一级回复文字	一级回复操作	操作对应二级回复
1	未发货未申请售后	亲，您的这个订单目前还未发货，请您再耐心等待，我们会及时发货的哦！	查询发货时间、催发货	承诺时间内： 亲，您这个订单会在××时间前发货，请您稍稍等待。若出现订单量较大的情况，发货时间可能会略微延迟，感谢您的支持和理解，我们会加急处理
				承诺时间外： 亲，很抱歉，因订单量过大导致商品未及时发出，目前已安排仓库加急发货。很抱歉耽误您较长时间，若您不想再继续等待也可以申请退款。感谢您的支持和理解
			催发货	亲，您的这个订单目前还未发货，请您再耐心等待，我们会及时发货的哦
			更改收货人信息	无
			取消发货	页面跳转>>售后页面
2	已发货未申请售后	亲，您的这个订单已经正常发货了哦，请问您遇到什么问题了呢？	查询物流进度	页面跳转>>物流查询页面
			申请退款	页面跳转>>售后页面
3	已申请售后	亲，您的这个订单目前处于退款处理中，请问您遇到什么问题了呢？	查询退款详情	页面跳转>>退款详情页面
			运费问题	页面跳转>>平台运费帮助页面

（续表）

序号	订单状态	一级回复文字	一级回复操作	操作对应二级回复
4	其他状态	亲，请问您遇到什么问题了呢？	无	无

7.3 多多客服聊天技巧培训语录

拼多多客服的重要作用主要表现在两个方面，一是提高回复买家咨询的及时性（前文已讲述过），二是提高订单的转化率。而提高订单的转化率，客服不但需要了解买家的心理，还需要准备好回复用语，在最短的时间内发给买家，以表示对他的重视。

7.3.1 优化买家的购物体验

作为拼多多卖家，尤其是很多传统商家转战线上，在销售过程中最容易犯的错误之一就是不顾买家的购物体验。

买家的购物体验包含以下几个方面：

（1）拥有物美价廉的商品；

（2）拥有完整的售前售后服务；

（3）拥有被重视的感觉。

以上三点中，笔者以物美价廉这一条购物体验做分析。

大部分卖家一开始都不会也不想把价格做得很低，因为商品需要保持一定的利润。而几乎所有买家在货比三家后，都会挑选相同质量中价格最低的那款商品。这就导致强者越强、弱者越弱。因此，每个卖家都会在经过市场检验及自身调整后结合售价、市场价、利润，最终确定一个理性售价。这个售价既有利润，又能被市场接受。换成卖家的说法便是既能卖得动，又有钱赚。消费者要的就是这种"物美价廉"的商品，也就是雷军所说的"性价比极高"的"几乎不赚钱"的国产良心好货。

然而，完整的售前售后服务和上面的物美价廉几乎背道而驰。一件物美价廉的商品必然要在生产、售后的若干环节上进行精减，不然如何降低成本，做到价廉呢？

拼多多的出现给卖家出了大难题：如何在商品保质保量的前提下降低价格？拼多多从销售端倒逼生产端，使企业必须降低生产成本，又必须提高产品质量，否则将会被市场淘汰。拼多多买家对商品的要求是不但价格低，而且质量要超出心理预期，更要有售后服务保证。拼多多未出现以前，买家很难提出这样的要求。

任何买家都希望被卖家重视。在买家咨询客服以前，卖家重视买家的态度体现在网店页面上、文案里；在买家咨询客服以后，卖家重视买家的态度则体现在客服回复速度的快慢上。客服对买家的咨询能够做到秒回，是对买家的最大尊重。但是，很多卖家连给买家感受"顾客就是上帝"这样的心理体验都做不到，还敢要求买家付款下单？还谈什么转化？如果买家觉得一个商品不错，进而咨询这个商品什么时候发货，却在三五分钟内没有得到回复，那么买家瞬间的不悦会令其选择扬长而去其他家店铺购物。这就是买家未被重视的后果。

结合我们自身的购物体验。我们在买东西的时候，是不是有几次客服开口便说："主人，能为您做什么呢？"我们收到货物后，快递箱里夹带一张纸条，上面写着"君上，××××××"之类的话。这种话让买家在不知不觉中被戴了高帽，遭到糖衣炮弹的轰炸，并开心地付款下单。买家觉得被重视，下单付款就会顺畅。买家这种被重视的感觉需要卖家客服用回复速度和回应言语表达出来，这种感觉能促进成交转化。对于买家来说，这是多么好的一种购物体验；对于卖家来说，这又是多么好的一种销售技巧。

7.3.2　针对买家想法做出的攻心回话

卖家知道买家的所思所想后，就可以有针对性地采取方法，有效地提高咨询转化率了。通过阅读上一节，卖家知道物美价廉是有底线的，售前售后是有范围的，只有被重视的感觉可以放大到让买家为之感动而心甘情愿下单付款的程度。

笔者在下文会讲解很多多多客服回复买家咨询的细节问题，活用多多客服是贯穿始终的思维，卖家一定要重视。同时，笔者从后台使用技巧、基本沟通技巧、不同买家如何回答及维护用户 4 个方面，介绍完整的客服实践。

（1）活用多多客服的方法

① 多多客服要及时回答买家的咨询。

卖家客服回话要及时，不要让买家感觉到被怠慢了。当买家咨询后三五分钟得不到卖家客服的回应时，虽然有的买家会想："可能他很忙，所以不能及时回复。"但是，买家心里会不舒服，花钱还得不到回应，他很难忍受这种被忽视的感觉。此刻买家不会在意客服是否正确回答了他的询问，而是在意对他的询问有没有回应，他要的是"被重视"。

如果这时客服实在很忙，不妨如实地告诉买家："抱歉，咨询的人特别多，可能会回复慢一点，请理解哦！"这样，买家会理解客服，并且体谅他工作确实繁忙，从而化不悦为宽容。

② 使用不伤害买家情感的语气回答。

例如，卖家经常会遇到买家咨询："能优惠吗？再优惠 10 元，我就下单了。"如果客服直接回答："亲，优惠不了哦！我们已经是最低价了。"这样直接拒绝买家的语言会导致另一个问题：买家心理上感到被拒绝（不被重视），会产生不悦的情绪，情感上的不接受导致其不想在这家店铺买了。本来买家很可能只是随口问问，能优惠就优惠，不能优惠也会买的。结果客服这样的回答让一次正常的购物有始无终。

对于这种情况，客服要尽量避免直接说不讲价，而是换种说法："真的很抱歉，多多价格已经省去中间商环节，最大让利消费者了。产品肯定会让您满意，放心购买就好啦！"这种礼貌和客气的态度让买家乐于接受，他感受到了被重视，就会动手下单付款。

③ 如果卖家客服遇到没有合适的话语来回复买家留言时，与其用"呵呵""哦哦"等词敷衍，不妨多使用多多客服的表情。一个生动的表情能让买家直接体会到客服传达的信息，令其打开心扉。

（2）客服工作的 4 个重要方面

第一，多多客服后台设置的使用技巧。

① 卖家通过设置快捷短语，提前把常用的语句保存在多多客服自动回复里，这样在忙碌时就可以尽快地回复买家足够完整的内容。例如，开场白人工欢迎语、不优惠的解释、请稍等、产品功效及链接等，可以给卖家节约大量的时间。在日

常回复中，客服发现哪些问题是买家问得比较多的，就可以把这些问题的回答内容保存起来，随时取用，以便提高效率。

② 在多多客服的状态设置里，卖家可以给店铺写一些推广语。例如，卖家在状态设置中写一些优惠措施，节假日也可以在自动回复中加上打折促销的信息，这些都能起到不同的效果。

③ 客服如果暂时不在座位上，就可以把状态设置成自动回复，也可以在自动回复中加上一些自己的口语，以便起到情感共鸣的作用，使买家不会觉得自己没人理会。

第二，基本的沟通技巧。

① 使用礼貌有活力的沟通语言，也许对客服工作来说就是转化利器。

当客服真诚地把买家的最大利益放在心上时，买家自然会很积极地回应客服。沟通过程中最关键的不是客服说的话，而是客服如何说话。

笔者列举几种不同表达，请读者感受一下效果："您"和"亲爱哒"，前者比较客气，后者比较亲切；"不行"和"真的很抱歉哦"，前者僵硬，后者委婉；"嗯"和"好的，没有问题"，前者敷衍，后者认真肯定；"不接受见面交易"和"很抱歉，我们平时都很忙，可能没有时间跟您见面交易哦，请您一定要谅解"，前者生硬，容易导致对立情绪，后者真诚，让人信服。

因此，卖家客服多采用礼貌的态度、谦和的语气，就能顺利地与买家建立起良好的购物关系。

② 遇到问题多检讨自己，少责怪对方。

在买家咨询或购物过程中遇到问题，客服要多反思自己没做到位的地方，诚恳地检讨自己的问题，不要上来就责怪买家。在能顺利引导买家下单的情况下，客服要尽量做到宽容大度。例如，有些信息已经展示在详情页面上了，可能买家没有看到，这时客服不要指责买家没有仔细看说明，而应该反省店铺是否没有将说明信息标注得更醒目，或者没有及时提醒买家。

③ 学会换位思考。

客服在和买家遇到矛盾时不要着急，停下来换位思考一下，再想解决办法。

④ 客服要少用"我"，多用"您"或"咱们"这样的字眼，让买家感觉自己会全身心地站在他的立场考虑问题。

⑤ 客服站在不同立场时，要表示出对对方意见的尊重。

"很理解您的心情，但是目前……""我也是这么想的，不过……"客服多使用这样的表达，会让买家觉得客服是站在他的立场想问题。因此，他也会考虑站在客服的立场去理解对方。

⑥ 保持相同的谈话方式。

面对不同的买家，客服应该尽量用和他们相同的谈话方式来沟通。如果对方是一位年轻的妈妈，在给孩子选商品，客服应该站在母亲的立场，考虑孩子的需求，用比较成熟的语气来表述，这样更能得到年轻妈妈的信任。

如果客服表现得像个孩子，买家会相信你的推荐吗？

如果客服和买家交流的时候经常使用网络语言，而有可能买家对网络语言不理解，就会造成交流障碍。而且，有些买家不太喜欢网络流行语，所以客服和买家交流时尽量不要使用太多的网络语言。

⑦ 经常对买家表示感谢。

当买家及时完成付款或很痛快地达成交易时，客服都应该衷心地对买家表示感谢，感谢买家这么配合自己的工作，节约了时间，也感谢他给双方创造了一次愉快的交易。

⑧ 坚持自己的原则。

客服经常遇到讨价还价的买家，这时客服应坚持自己的原则。如果卖家在制定价格时已经决定不再优惠，那么客服应该向要求优惠的买家明确表示这个信息。例如，关于邮费，如果买家没有符合包邮的条件，客服却给某一位不符合条件的买家包邮，尽管钱是小事，但会造成很严重的后果。

A．其他买家会觉得不公平，使店铺丧失信誉。

B．给买家留下经营管理不正规的印象，从而看不上这个品牌。

C．买家下次来购物时还会要求和这次一样的特殊待遇，或者进行更多的砍价，这样卖家需要投入更多的时间成本来应对。

在这个快节奏的社会，时间就是金钱，珍惜买家的时间也就是珍惜自己的时间，客服坚持原则才是负责的态度。

第三，针对不同类型的买家，采用不同的沟通技巧。

买家对商品的了解程度不同，决定了卖家客服应采取的沟通方式也有所不同。

① 买家对商品不了解。

这类买家对商品不了解，持怀疑态度，而且依赖性强。对于这样的买家，客服需要像朋友一样耐心解答，从购买的角度考虑如何给他推荐商品，并且告诉他推荐这些商品的原因。客服解释越细致，买家就会越信赖。

② 买家对商品只了解部分，但是一知半解。

这类买家对商品有一些了解，易冲动，且有自己的主见，不太容易信赖客服。面对这样的买家，客服就要控制情绪，有理有据地耐心回答，向他展示丰富的专业知识，让他认识到自己的不足，从而提高对客服的信任感。

③ 买家对商品非常了解。

这类买家对商品非常了解，能提出很专业的问题，还都能问到点子上。面对这样的买家，客服要表示出对他专业知识的欣赏，表达出"好不容易遇到懂行的人"的赞美，用朋友的口气和他探讨专业的知识，让他感觉自己被当成了懂行的朋友，而且客服尊重他的专业知识。

④ 如果买家问的问题不方便说，怎么办？

如果买家问客服"你们在哪里进的货"，或者"你们上个月赚了多少钱"，大多数卖家遇到这样的买家都会很反感，但是又不好直接拒绝。因为说不定他要买东西，如果直接拒绝，就可能失去一单生意。所以，这时卖家客服就要学会转移话题，反问"能帮您什么呢""本店最近上了一款新品，可能适合您"，把话题从尴尬的问题上移开，这样买家就知道客服不想回答，继续追问就显得无趣了。

第四，维护买家。

① 给买家一个合理的预期。

买家购物是希望买到一个满意的商品，可是一分价一分货，价格决定了商品的质量。如果商品相同，却有三种价格，那么肯定在质量上有差异。大部分买家希望用最便宜的价格买到质量最好的商品，然而这往往是不可能的。当买家咨询时，要付款的是最低价格的一款SKU，却要求收到的货是质量最好的。当买家反复咨询客服，确认他的付款和收到货的型号时，客服如果回答"是"，就会带来纠缠不清的售后问题。

期望越大，失望就越大。有太多客服为了提高转化率，随意承诺买家，最终却无法办到。

由于期望值和满意度成反比，因此降低期望值等于增加满意度。例如，商品页面没有向买家展示有赠品，但买家收到后发现有赠品，就会很兴奋，甚至好评晒图；商品页面提示买××赠××，但买家收到后却发现没有赠品，就会找卖家的麻烦，因为卖家承诺了却没做到。这就是期望值和满意度的现实案例。

网购有一半是靠买家想象的，看不到实物。图片拍得好，买家会把这个商品想象得很完美，期望很高；或者当买家询问客服时，客服会把自家的商品夸得完美无缺。卖家不要以为这是好事，把商品说得太好，大大提高了转化率，买家的期望值就会很高。但是，如果收货后发现商品没有想象中的那么好，买家就会非常不满，然后给予差评。例如，卖家给买家的到货承诺：一种是承诺3天内到货，而实际2天就到了；另一种承诺2天到货，实际3天才到。哪种更让买家开心呢？

当然，并不是说客服在销售时要拼命地说自己的商品有多差，这样买家很可能就不敢下单了。那么，客服如何把握好这个度呢？

我们提倡在销售的时候让买家"明白消费"。所谓明白消费，就是尽可能地让买家提前了解自己的这次购物能得到什么、会碰到什么问题等，做到承诺和收货一致。

② 把握沟通的主动性。

客服可能同时要和好几位买家聊天，这时有一位客户把你当成聊天对象了，问题一个接一个，应该怎样结束呢？

客服要把握住话题，将谈话的主动权掌握在自己手中。当买家提的问题越来越不着边际时，客服就要主动询问："关于这个商品，您还有什么需要了解的吗？"如果买家问店铺如何装修之类客服没有时间和精力回复的问题，客服就要及时告诉买家哪个网站有相关教程并提供网址。如果买家问销售收入多少、从哪里进货等，客服就要巧妙地转移话题，例如，"我给您介绍一下这款产品吧，最近卖得可好了！"

③ 促成转化。

越买不到的东西，人们经常越想拥有，这就是"怕买不到"心理，客服可以利用这种心理来促成下单。当买家已经有比较明显的购买意向，但还在犹豫时，客服可以这样说："这款是店内最畅销的了，经常脱销。现在这批货只剩2个，估计不到一两天又没了，喜欢的话别错过哦！"

大多数买家希望付款后卖家越快寄出商品越好，客服可以利用买家希望快点拿到商品的心理提高转化。所以，当买家已有购买意向，但还在犹豫时，客服可以说："如果您真的喜欢，就赶紧拍下吧。快递公司的人再过 10 分钟就要来了，如果现在支付成功，马上就能为您寄出。"

当买家一再出现购买信号却迟迟拿不定主意时，客服可以采用"二选一"的技巧。例如，客服可以问买家："请问您需要第 1 款，还是第 6 款？"或者说："请问要粉色，还是紫色？"客服运用这种"二选一"的买家心理学技巧，面对的只要是准买家，肯定会选中其一。

A. 时间控制

客服除了回答买家关于交易的问题，还可以适当地跟客人聊天，这样可以促进双方的关系。但是，客服要能够自己控制聊天的时间和度，聊到一定的时间后可以用"不好意思，我们要开会了，走开一会儿哦"为理由结束谈话。

B. 处理纠纷的技巧

买家认为商品有问题，一般会比较着急，怕不能得到解决，而且也会不太高兴。这时，客服要快速回应，记下买家的问题，及时查询发生问题的原因，帮助买家解决问题。有些问题不能够马上解决，客服也要告诉买家："我们正在处理中，请您稍等。"

C. 满怀热情

如果买家收到商品后向客服反映有问题，客服要热情对待，并且要比交易时更热情，这样买家就会觉得卖家很实在、不虚伪。有些卖家刚开始时很热情，等买家付款之后就爱理不理，这样买家就会对卖家失望。商品再好，但是服务不好，他们也不会再来。

D. 认真倾听

买家投诉商品有问题，客服不要急于辩解，而是要耐心听清楚问题，并记录买家的用户名、购买的商品，再处理问题。这样便于卖家回忆当时的情形，和买家一起分析问题出在哪里，从而有针对性地找到解决问题的办法。

E. 安抚和解释

买家反映问题时，客服要站在买家的角度想问题：如果自己遇到这个问题会怎么做，怎么解决，会受到什么损失？所以，客服要向买家说"我同意您的看法""我上次买了个 ×× ，也遇到这种问题""稍等，我核实一下，会处理好您这个问题的"。这样买家会感受到客服是在认真为自己服务，因而对客服更加信任，心中的怨气也会消散大半。

🎁总结

　　客服工作很重要，但并不困难，它是中小卖家弯道超车的有效策略。卖家只需在运营中多重视，就能提高咨询的效果。本章所讲的方法只需要卖家模仿使用便有效果，卖家要在应用中优化，在优化中实践，知行相长，这样一定可以形成一套拥有自我特色的高转化率客服用语。

第8章

小白变高手的实用利器

正所谓"工欲善其事，必先利其器"，本书第2章到第7章讲的都是如何才能"善其事"。可是，如何才能"利其器"，"器"从何来，如何使用，又如何科学地保存？很多书对此都语焉不详，本章就讲一讲如何才能"利其器"。

8.1 一口箱子

既然叫"一口箱子"，那么箱子里自然包含有最厉害的武器。

上学的时候，我们有书包，书包里有学习用的"武器"；工作后，我们有工位，工位上有我们挣钱的"武器"；运营拼多多店铺，也需要有一套"随手拈来"、能提高工作效率的武器。这套武器，笔者放在一口箱子里，专门为读者而准备。

为什么会有一口箱子？

每一个运营拼多多店铺的新手，最容易犯的错误就是不懂得归纳总结，以前笔者自己也是如此。错误一次又一次地犯，跟斗一个又一个地栽，吃的亏多了，就有了这口箱子。这口箱子里有提高效率的工具、少走弯路的方法、解决细节问题的技巧、提升工作效率的策略，是实至名归的"多多神器"。

8.1.1 箱子里的武器

箱子里有什么？

箱子里有"项目引流""自媒体工具""营销工具""电商工具和软件""网站和软件""设计工具""微信开发工具""行业翘楚网站""银行网站""工商税务""视频""技术学习"共12个文件夹，如图8-1所示。

图8-1　工具箱示意图

图8-1展示的是浏览器的网页截图。所有浏览器的靠上位置都有收藏、新建文件夹功能，我们的箱子就是图8-1中红框所示的文件夹部分。每一个分类文件

夹下又分为若干具体功能的文件夹和网址（或工具）。例如，打开"电商工具和软件"文件夹，如图 8-2 所示。

图8-2　"电商工具和软件"文件夹

在图 8-2 中，"电商工具和软件"文件夹下又分了"拼多多""基础销量补单""活动""数据监测""货源""有赞麦克鲍汁""项目""新闻媒体资源"8 个文件夹，同时还有若干有用的网址。例如，"数据监测"文件夹下包含的内容如图 8-3 所示。

图8-3　"数据监测"文件夹

在图 8-3 中，"数据监测"文件夹下有"甩手工具箱""集搜客 - 网络爬虫工具""新悦卖家全网开店工具箱"3 种工具。这 3 种工具有各自的特点，卖家可以使用"甩手工具箱"了解一下它的功能（百度搜索"甩手工具箱"下载即可）。

图 8-1 所示的不同文件夹下都有不同的工具，这些工具有的是网页版就很好用，有的则必须下载电脑客户端才能发挥最大功能。每一位卖家不一定都要使用本节提供的工具，而是借鉴本节提供的工具，在运营拼多多店铺的过程中学会这种归纳总结的方法，形成一口自己的箱子。

8.1.2 武器的用法

拼多多新手开店的难题无非是设计、基础销量、货源。武器即工具，工具就是为了解决相应的难题而打造的。例如，和设计相关的工作，我们用的工具如图 8-4 所示。

图8-4 设计类工具文件夹

图 8-4 中包含了各种和设计有关的工具。做海报，有"创客贴"网站；要素材，有 6 个无版权的素材网站；压缩图片，有"图好快"；设计图片，有在线PS，还有"搞定设计""千库网""千图网"及"懒设计"等工具网站。这些工具基本满足了卖家的主图、详情页、活动页的设计工作。例如，和基础销量相关的工作，要用到的工具如图 8-5 所示。

图8-5 "基础销量补单"文件夹

图 8-5 中提供了几种增加基础销量的工具，如"琳琅秀""微博搜索""高佣联盟"及"大淘客联盟"。"琳琅秀"和"微博搜索"用于卖家在各自平台发布试用活动，吸引买家下单增加销量；"高佣联盟"和"大淘客联盟"用于卖家通过给平台支付佣金，使平台推广产品增加销量。卖家使用这几个网站后，就能把初期的销量数据做得很好了。

和货源有关的工具如图 8-6 所示。

图8-6 货源文件夹

图 8-6 中展示了 7 个采购货源的网站，除了众所周知的 1688，还有义乌购、17 网、织里童装网、搜款网、衣联网及开山网。1688 货源包罗万象，义乌网主要提供日用小商品，17 网主要提供女装，织里童装网主要提供童装女裙，搜款网主要提供衣服和鞋，衣联网主要提供衣装鞋饰，开山网主要提供女鞋货源。卖家会用这几个网站，初期的货源就不用愁了。

8.1.3 最厉害的武器

然而，以上都不是最厉害的武器。最厉害的武器是自我成长、自我壮大、自我循环的方法。自我成长的方法就是多记录问题，多记录解决办法和思考后的结果，如图 8-7 所示。

图8-7 感想笔记

图 8-7 中展示了一篇标题为《怎样进化成一个很厉害的人？》的文章。卖家用"印象笔记"记录自己的所思所想并经常回顾，长期坚持这种习惯，就会有突飞猛进的成长。

人天生的一个缺点就是容易遗忘，而记笔记则是加强记忆、优化自我的良方。在很长的一段时间里，笔者没有做笔记的习惯，思维一直停留在一个静止的状态。后来，笔者养成了这个习惯，通过记笔记保持了进步。

笔者现在才明白为什么历史上那么多人物都有随手写笔记（或写日记）的习惯，因为写笔记是自我进化过程中必不可少的一个环节。人只有通过记录并时时回顾，才能修改以前自己不断犯错误的恶习。读以前记录的笔记，犹如站在未来看现在，能够"静观我相"，以今日之我观察昨日之我，能看到昨日之我的好坏优劣。这样优点就会被保留并沉淀下来，缺点会被革除改进，人得以真正进步；否则，都是"伪进步"。人在具体环境中，情绪上头时是不会认错的；只有随着时间的推移，情绪彻底冷静下来，反观回去，才会意识到自己是对是错。这就是笔记的威力。

书中前几章，归根结底是讲两个层面的问题，一是思考层面的思维问题，二是动手实操层面的技术问题。而不管是思维还是技术，不管是初学者还是操盘手，总会或多或少犯错误。做笔记是尽快修正错误的不二法门。初学者可以通过做笔记修正自己犯过的技术错误，做到知识层次体系化。操盘手可以通过做笔记优化战略上的错误，通过复盘推演验证反思结果，进而盘活整个项目。

8.2 核心技能

如果说通过平台得来的技术最终要还给平台，那是因为平台会根据自身情况调整规则。平台规则一旦变了，卖家在平台上学到的一切技术都要从头再来，所以相当于又还给了平台。

卖家通过平台销售商品，一定要锻炼自己的核心技能。那么，什么是核心技能？核心技能如何应用呢？前文提到的"价格分层"算一个。

$$销售额=流量×转化×客单价$$

这个万能的互联网营销公式告诉我们，没有什么销售额是流量搞不定的。卖家能通过自身能力获取的，一是流量——多渠道拓展，流量总会有的；二是转化——文案和设计用心做，转化也是有的。唯独客单价是卖家无法获取的，至少对于大部分人来说，改变价格的空间非常有限。因此，推广的引流能力、商品的吸睛文案能力、页面的设计转化能力可称为卖家的三大核心技能。

8.2.1 引流技能

全网共有五大流量来源，即搜索流量、电商流量、社交流量、自媒体流量及论坛流量。卖家掌握其中任意一种流量来源，就可以把生意做得风生水起。那么，流量从哪里获取呢？打开箱子，可以看到如图8-8所示的渠道。

添加当前页面到此文件夹 ...
📁 自媒体
📁 论坛
📁 社交网络
📁 网站端
📁 上传类
📁 投稿类
📁 分类信息
📁 网赚类
📁 实践项目-卡友
📁 引流网站

图8-8 引流渠道

从图 8-8 中可以看到引流渠道被分为"自媒体""论坛""社交网络""网站端""上传类""投稿类""分类信息""网赚类""引流网站"9 类（不包含图中的实践项目）。

点击图 8-8 中"自媒体"文件夹，结果如图 8-9 所示。

图8-9　自媒体渠道

图 8-9 展示了自媒体流量的不同渠道，卖家会在这些渠道发布内容，从而获得自媒体流量。而如果卖家学会了拼多多运营，那么也能学会其他电商平台的操作，从而拥有电商流量。

社交流量的获取方式如图 8-10 所示。

图8-10　社交流量

图 8-10 中，"微信裂变""微信增粉""QQ 兴趣部落""微信群采集"是 4 种有效获取社交流量的方式。"微信裂变"的右边给出了 3 种操作裂变玩法的工具，分别是"进群宝""任务宝""码云活码"。用这 3 种工具玩微信裂变，才能真正解放双手。

8.2.2　文案和设计

文案是有感情的，它能打动人心，具有催化剂的作用。经过设计的文案能为页面带来转化，进而促成交易。

关于提高设计效率，笔者在此向卖家读者推荐两种有用的工具。

（1）稿定设计（网址：www.gaoding.com）

稿定设计是一款设计类工具，其功能齐全、稳定性好，只要涉及海报、图片、PPT、H5、电商详情页、平面设计、抠图等和图片有关联的工作，它都能搞定。

图8-11　稿定设计页面（1）

在图 8-11 中，两个红框中是稿定设计的部分功能。左侧的红框内显示有"稿定抠图""视频剪辑""图片编辑""在线 PS" 4 种功能。点击红框下面的"更多工具"后，还有"在线拼图""一键生成海报""照片修复" 3 种功能，如图 8-12 所示。

右侧红框中展示的内容是按照行业及专业分类，稿定设计可以应用在新媒体、电商、教育培训、手机网页、视频模块、PPT 等工作中。点击红框右侧的小箭头，可以滑出第二张行业分类图，如图 8-13 所示。

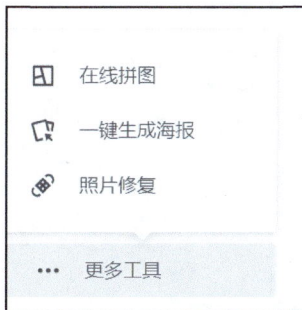

图8-12　稿定设计页面（2）

图8-13　稿定设计页面（3）

卖家在图 8-13 中可以看到，稿定设计还可以应用在金融保险、信息图表、餐饮门店、在线印刷及企业商务等工作中。

在图 8-11 中点击"电商"，跳转至如图 8-14 所示的页面。

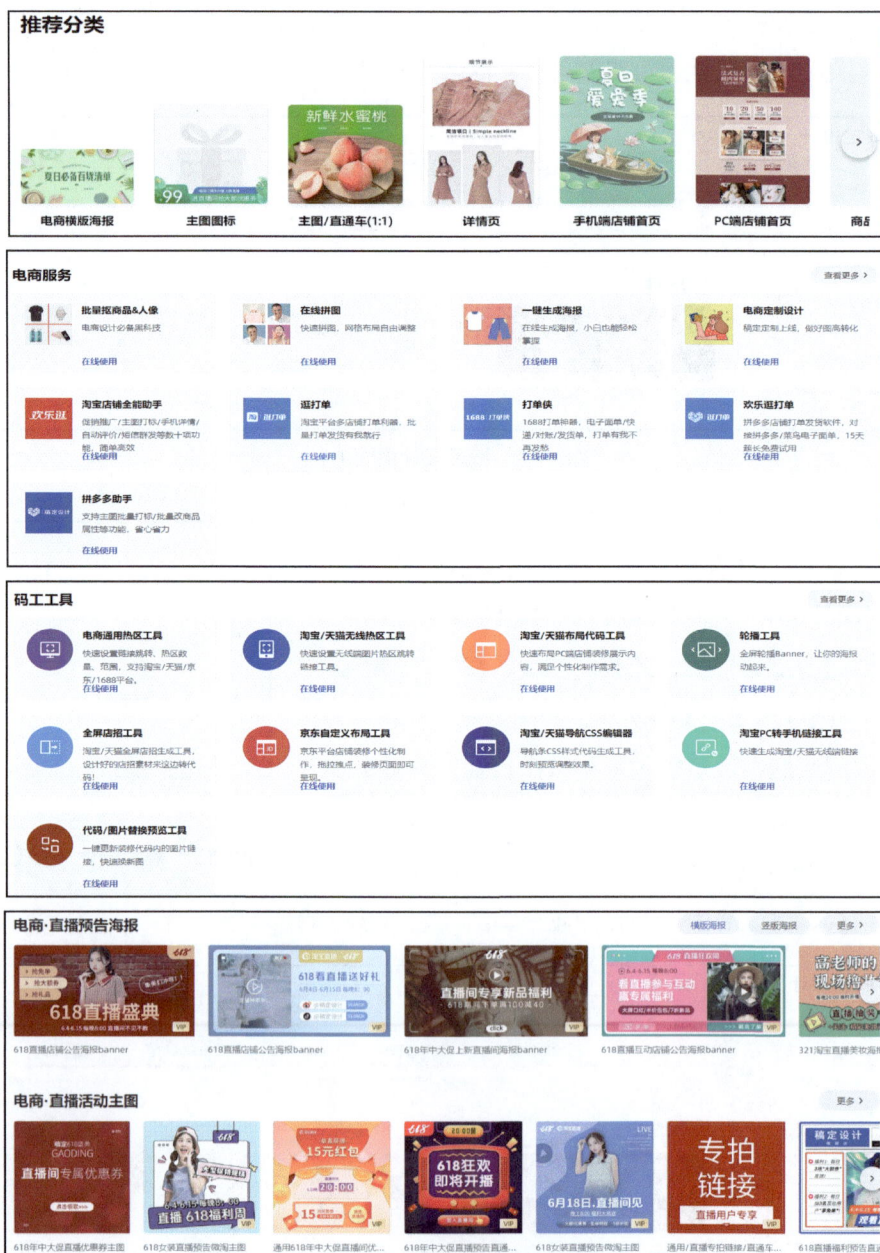

图 8-14　电商页面展示图

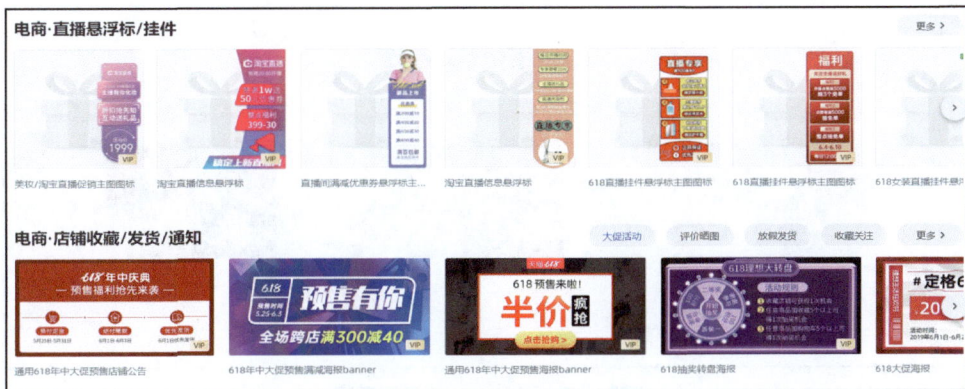

图8-14　电商页面展示图（续）

从图 8-14 中可以看到，页面展示的功能太齐全了，而这仅仅是电商的部分功能。

卖家需要特别注意的是，稿定设计有一部分高级功能会收费，卖家如果想省钱，可以尽量使用它的免费功能。

关于稿定设计的更多功能，卖家可以自己登录实践体验。

（2）remove（网址：www.remove.bg）

在浏览器中输入网址，显示的页面如图 8-15 所示。

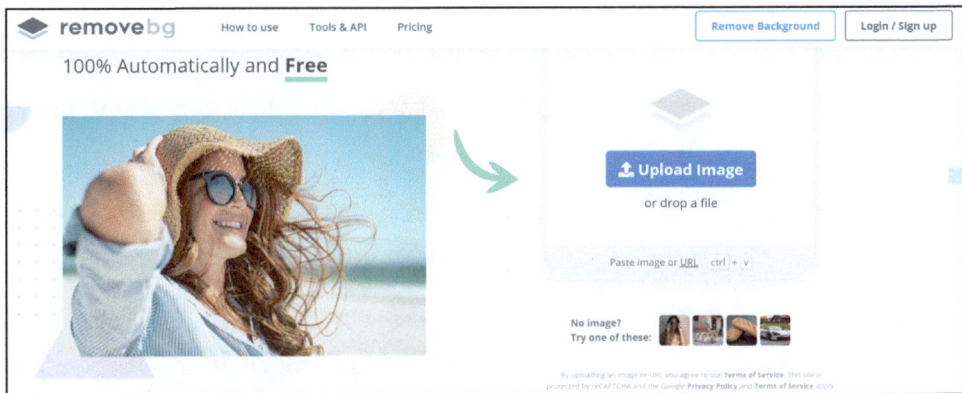

图8-15　remove页面

这是国外的一个利用 AI 技术开发的网站，其功能是抠图，特点是简单好用、实用性强。卖家做设计图时最大的困难是抠人物图像费时费力，这个网站就解决了抠人物图像的难题，令抠图简单到不费吹灰之力。效果如图 8-16 所示。

卖家使用这两个工具，可以极大地提高设计工作效率。

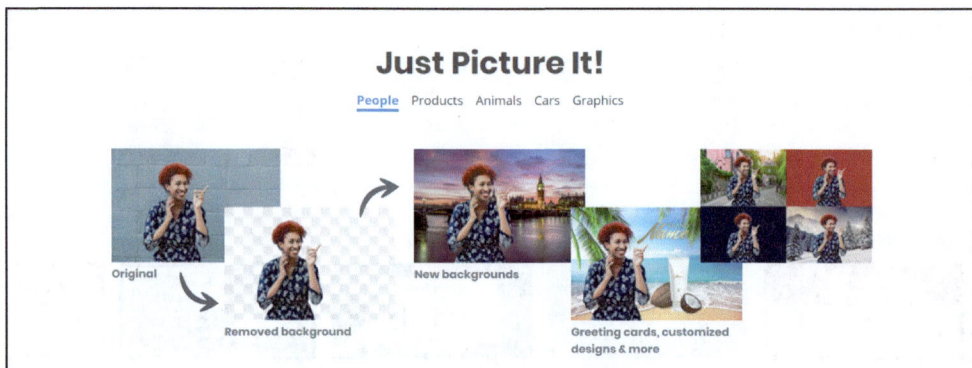

图8-16 remove效果展示图

文案写作水平的提高则在于不断学习优秀同行，日常生活中的街边广告、网页、报纸、视频广告都是卖家学习的对象。在看广告的同时，卖家要思考如何用在自己的产品上。这样多揣摩、多研究，卖家的文案写作水平自然就会提高。

当然，对于以上核心技能，卖家并不需要全部掌握，而是要掌握自己容易理解的、适合自己所在行业的技能。有些卖家对写作感兴趣，那就很适合做自媒体引流；有些卖家属于粗犷型，懒得用自媒体，那么付费推广引流就是不错的办法；有些卖家获取赠品的成本很低，那么卖货附赠一大堆礼品就能迅速提高转化，也就不用做自媒体和付费推广了。

从产品角度来看，对于低价产品，卖家不用考虑太多转化问题。因为产品的价格低，买家不会在讨价还价上浪费精力，付款会很快，价格不再是销售要解决的主要问题。那么，卖家要提高销售额，只能从流量和客单价两方面入手。卖家获取了大流量，则可以通过增加买家数量带动销售额增长。卖家还可以对产品重新进行组合搭配，增加高价格套餐数量，这样就通过"腾挪转移价值"的方法提高客单价，带动销售额的增长。即使买家数量没有增加，销售额也能上去，因为买家付款的金额增加了。所以，对于低客单价的产品，卖家的核心技能是在流量和客单价搭配上下功夫。

对于高价产品，卖家不用考虑客单价。因为高价产品的买家已经准备好了花这么多钱，而且很多人对高价产品略微变化的价格不敏感，他们考虑的是要在这家买还是在那家买的问题。以买空调为例，买家已经准备了三五千块钱的预算，所以就不是钱的问题了，而是买美的还是买格力的问题。此时，美的或格力只需给他一个付款的理由罢了。所以，对于高客单价的产品，卖家的核心技能是在流量和转化上下功夫。

通过对两种情况的比较分析，作为卖家的你，明白自己需要哪些核心技能了吗？

卖家不必掌握很多核心技能，只要精通一个就足够了，以这个核心技能为基础，在实践中学习新的技能。而且，要想掌握一种核心技能，卖家不必专门花费三五个月去学习培训；即使专门花了三五个月时间学习，也不一定能够学得多好。因为掌握核心技能，要边实践、边学习、边总结，在奔跑中成长，形成一套自己的方法论。卖家只有结合自己的产品拓展核心技能，才能对症下药。

8.3　发现弱点，赢在超越

学习超越对手的思维和学会核心技能同样重要，技能是卖家在路上奔跑的双腿，思维则是卖家解决问题的大脑。

不想超越竞争对手的卖家，不是好卖家。而在超越对手的路上，卖家的快乐来自一次又一次越过比自己强的对手。要达到这一步，卖家既要眼高，又要手低：超越竞争对手要眼高，落地执行要手低；发现竞争对手的弱点要眼高，超越竞争对手的过程要手低。

8.3.1　发现竞争对手的弱点

卖家需要学习竞争对手的优点，提高自己的优势，但竞争对手的优点有些可学，有些则不可学。难道你要学习"三只松鼠"的品牌背书吗？学习它的融资能力吗？显然无法学习。但是，"三只松鼠"的设计风格、卡通形象、售后服务、包装特点、营销手法及产品布局可以学习。

同时，卖家更需要善于发现竞争对手的弱点。竞争对手的优点可学，但短期内不可超越。发现弱点，才是卖家实现弯道超车的机会所在。

竞争对手的弱点不是故意暴露给同行的，而是产品在经营的过程中不断地调整策略导致的最后结果而已。你能说苹果公司不销售低价手机是弱点吗？苹果手机的定位就是轻奢品，轻奢品能卖 999 元吗？所以，这就给小米提供了销售 999

元手机的机会。

那么，大部分中小卖家的竞争对手有哪些弱点呢？

（1）竞争对手已经规模化，所以成本高、卖得贵；小卖家"船小好掉头"，价格比竞争对手低一点，就能形成价格优势。

（2）竞争对手推出新品的流程烦琐，时间长，需要一个月；小卖家三五天就能决定，一周可以出新品，就能形成新品优势。

（3）竞争对手看不上的小品类，也是小卖家发展的机会。

小卖家在这些地方慢慢发力，从而能形成自己的优势。

优势有显性的，也有隐性的。卖家的显性优势体现在所有可视的地方，如主图、详情页、标题、价格、销量、评价及优惠信息等；隐性优势体现在所有看不见、摸不着的地方，如流量渠道、服务水平、老顾客复购率、客单价及参加平台活动途径等。总之，卖家不但要巩固好显性优势，而且要打造自己的隐性优势。

8.3.2　有步骤地超越

超越竞争对手的过程，也是卖家建立自身优势的过程。那么，卖家在超越竞争对手的过程中如何控制节奏呢？

方法就是站在未来看现在。

例如，如果现在卖家一周的销售额是 3 万元，怎么保证一月后周销售额可以达到 6 万元呢？周销售额 6 万元比 30 天前增长了一倍，达到这样的结果有以下方法。

方法 1：加大推广力度。

不管是免费推广，还是付费推广，力度（流量）比现在增加一倍，基本上（理论上）可以完成目标。卖家在做的过程中必须保证销售额第 1 周增加 20%，第 2 周增加 20%，连续 4 周每周增加 20%，才能达到周销量 6 万元的目标。

因此，销售额每周增加 20% 就是节奏，周销售额一旦达不到 20%，这个节奏就被打破了，想要完成目标就相当困难。

方法 2：占领排名。

如果卖家产品的客单价是 30 元，排名第 60 位，想达成周销售额 6 万元的目标，就需要一周内有 2000 人下单付款，平均一天 286 单，一个月 30 天共 8580 单。卖家找到一个排名第 30 位、月销 8580 单的产品（此处数值为举例），只要想办法超过它的排名，理论上就能实现目标。

占领排名并不是一蹴而就的，如何先进步到第 50 名，再进步到第 40 名，最后超过第 30 名，这一步步下来的过程就是节奏。卖家先跑过第 50 名，接近并超过竞争对手，这个过程采用什么办法才是控制节奏应该关注的核心问题。

方法 3：多多客。

通过前面的学习，卖家知道多多客是以成交为结果收取佣金的推广方式。通过参加多多客，卖家也可以达到目标销售额。

如果卖家能够找到足够多的多多客，很快就能达到目标销售额。在这个过程中，卖家遇到的问题是在销售额和投入之间选取一个平衡值。卖家想要多多客在短期内大量出单，那么产品售价必须低，佣金却要高，这也意味着卖家巨亏。

如果是以卖家巨亏为代价换来的销售额，那么这样的销售额就没有意义，而且不可持续。

卖家和多多客合作的目的是为了增加销量，同时提高转化。简单地说，就是为了让买家"丧失自我意识，从众购物"。这种方法的节奏不是合作了多少个多多客，而是第 1 周、第 2 周在多多客出货量相同的情况下，和第 1 周比起来，第 2 周进店的流量和转化是否增加（如直通车和搜索渠道）。把握好这个节奏，第 3 周、第 4 周就能慢慢接近目标销量了。具体的计算方法类似于方法一。

方法 4：报名参加活动。

报名参加活动是最直接达成目标的方法。因为如果卖家的店铺和产品符合参加活动的条件，那么报名参加活动就是产品出量速度最快的方法；如果不符合，则要通过达成一个又一个的条件才能报名参加活动。大部分店铺是需要一步一步达成活动要求才能报名参加活动的，这一步一步的工作有前有后，工作的前后顺序就是节奏。

以上 4 种方法只是为了给卖家超越竞争对手提供一点思路，卖家可以从不同的角度分析推演，结合以前学过的知识点，用自己的方法实现"超越自我"的目标。